绩效考核与薪酬设计实操

孙荣高 著

SPM 南方传媒 | 广东经济出版社
·广州·

图书在版编目（CIP）数据

绩效考核与薪酬设计实操 / 孙荣高著. —广州：广东经济出版社，2022. 5
ISBN 978-7-5454-8292-8

Ⅰ. ①绩… Ⅱ. ①孙… Ⅲ. ①企业绩效—企业管理 ②企业管理—工资管理 Ⅳ. ①F272.5②F272.923

中国版本图书馆CIP数据核字（2022）第049853号

责任编辑：赵　娜　郭奕成
责任技编：陆俊帆
封面设计：朱晓艳

绩效考核与薪酬设计实操
JIXIAO KAOHE YU XINCHOU SHEJI SHICAO

出版人	李　鹏
出　版 发　行	广东经济出版社（广州市环市东路水荫路11号11～12楼）
经　销	全国新华书店
印　刷	珠海市国彩印刷有限公司 （珠海市金湾区红旗镇永安一路国彩工业园）
开　本	730毫米 × 1020毫米　1/16
印　张	17
字　数	246千字
版　次	2022年5月第1版
印　次	2022年5月第1次
书　号	ISBN 978-7-5454-8292-8
定　价	58. 00元

图书营销中心地址：广州市环市东路水荫路11号11楼
电话：（020）87393830　邮政编码：510075
如发现印装质量问题，影响阅读，请与本社联系
广东经济出版社常年法律顾问：胡志海律师

Forewords 前言

如何**激发员工的动力，解决企业的管理难题呢**？很多老板都在摸着石头过河，不知道应该怎么做，甚至还会有以下疑惑：

为什么工资这么高，员工做事却不积极？

为什么花了钱激励员工，却达不到理想的效果？

为什么老板越来越忙，感觉很多事都是自己在操心？

为什么企业的利润没有增长多少，老板却越来越累呢？

企业的员工越多，管理上的问题就会越突出，如企业管理结构变得臃肿，各种成本越来越高等。各种管理问题让企业经营者力不从心，把自己折腾得很累，却没有得到很好的结果，更重要的是，这些弊病的存在必然会阻碍公司的发展，严重地影响生产效率和经济效益。

如何才能从根本上解决管理难的问题呢？

站在员工的角度思考，员工去企业上班的目的是什么，是不是**赚钱**？

员工去企业上班是为了赚钱，过更好的生活。所以对老板来说，最重要的是学会分配**责**、**权**、**利**，学会分钱。下属离职、执行力弱、内部管理混乱，所有的一切归结起来是一个问题——分配问题。

把分配问题解决了，你会发现，所有的问题都会迎刃而解。合作的本质就是“分”，只有分得清楚，才能合得愉快。很多时候企业出现管理问题，企业做不大、做不强，主要原因是企业的分配机制不合理。

分配机制不合理实际上就是没有做好**绩效考核与薪酬设计**。

站在公司的角度思考，管理是一套完整的系统，不只是点、线、面的问题。回忆一下，你是不是做了多年的管理工作，参加了很多的管理培训，但管理问题还是没有得到彻底的解决，为什么会这样？因为你只学了一个点，或只学了一个面。

如何才能系统地学习呢？

下图是我独创的“功道云1115系统管理模式”示意图。

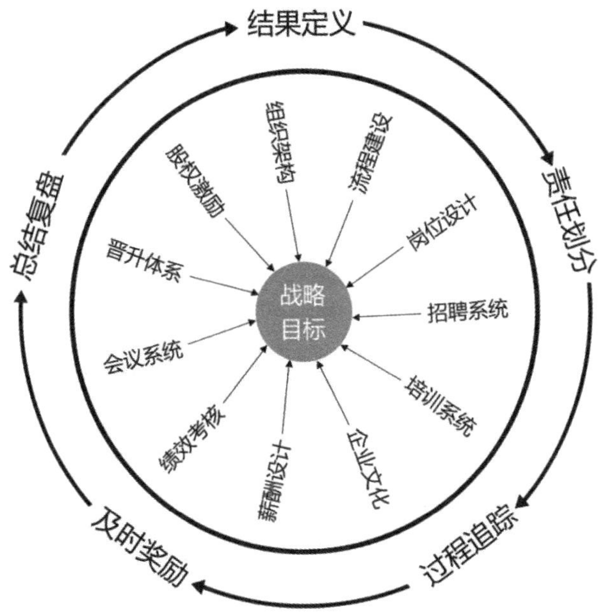

功道云1115系统管理模式

第一个“1”是战略目标，所有的管理都是从目标开始的。另外两个“1”，指的是11个子模块，这些模块都是相辅相成的。“5”指的是目标达成的5个节点。“功道云”指的是一套执行“1115系统管理模式”工具。本书将围绕“功道云1115系统管理模式”，结合当前企业管理的实际情况，用深入浅出和易于理解的语言，系统地讲述绩效考核与薪酬设计的原理、方法、工具、表格、落地流程、注意事项等，同时包含了各种行业的案例讲解。本书旨在帮助更多的企业经营者、管理者与HR走出绩效管理和薪酬设计的误区。

老板+功道云1115系统管理模式=利润倍增

HR+功道云1115系统管理模式=升职加薪

管理者+功道云1115系统管理模式=管理轻松

咨询师+功道云1115系统管理模式=真正落地

…………

本书是我独创“功道云1115系统管理模式”7年来落地350多家企业的经验总结，可以让你掌握企业管理的全流程。你能从这本书中找到你想要的答案，且能应用到企业管理中。这是一本没有废话、没有说教、能让你一口气看完，学完之后迫不及待用到企业中的管理教科书。

阅读本书，你将获得什么？

管理能力提升	从不会管理到轻松管理，从不敢管理到成为管理高手
领导力提升	带领下属达成目标
影响力提升	通过管理影响团队，影响“粉丝”，让别人相信你、跟随你
自信力提升	从容驾驭，所有的事情都是小菜一碟
收入增加	你懂得更多，更能解决问题，企业成本节约了，生产效率提高了
效率提升	企业更加具有核心竞争力
轻松、快乐	有时间享受人生，所有的事都由下属和管理团队负责

本书适合谁读？

中小企业老板	想要提升管理效率的中小企业老板
白领、精英	准备从事管理工作的，或现在已经是管理者的白领、精英
团队管理者	正在带团队或准备带团队的管理者
政府各级管理人员	从事政府工作的各级管理人员（选择使用）
其他管理人员	学生、管理研究人员、培训老师、商会负责人等

感谢你购买本书，我想，帮助别人最好的方式，就是和他一起进步吧。

Contents 目录

第一章｜通往梦想的捷径

一、管理困惑：当下企业家面临的挑战

从选择创立公司的那天开始，企业家就面临各种各样的困惑，包括战略的困惑、资金的困惑、管理的困惑、订单的困惑、模式的困惑、创新的困惑等。这么多困惑中，什么才是企业家最大的困惑呢？我认为是管理的困惑，把管理的困惑解决了，所有的困惑都迎刃而解。

在经营企业的过程中，你是否遇到过以下问题？

（1）员工难管理，高管执行力弱，遇事相互推诿；

（2）有能力的人私事多，不好管理；

（3）员工工作积极性不高，爱拖延、找借口，责任心不强，工作效率极低；

（4）员工做一点事就认为自己付出多，爱邀功、斤斤计较；

（5）核心员工离职率高，企业留不住优秀员工；

（6）团队凝聚力不强，协作能力不强，工作目标难以制定，员工不愿意挑战；

（7）产品质量频繁出问题，员工服务态度不好，客户投诉多；

（8）企业制度执行力弱，员工在上班期间做与工作无关的事情，如玩手机、打游戏、看新闻、吃东西等；

（9）员工常抱怨、传播负能量、拉帮结派；

（10）老板很辛苦，常需要操心；

（11）企业人力成本高，物料浪费严重，利润少；

（12）老板不知道怎么管理，管得严格了，员工容易离职，管得不严格，反而累倒自己；

（13）老板不知道如何建立企业文化；

（14）员工能力不足，缺乏创新意识，老板需要事事亲力亲为；

（15）老板爱学习，想带动员工一起学，但怎么带都带不动；

…………

如果你遇到过以上的问题，那么接下来的内容，你一定要认真看下去，因为它能帮助你解决以上难题，让你管理轻松，企业利润倍增，让你的员工主动承担责任，自发地工作，大幅缩短你的工作时间，让你有更多的时间去学习、思考、陪家人，享受更好的人生！

二、现状：如何破局

我们在落地实施绩效管理过程中，发现企业普遍存在三大问题，正是这三大问题导致企业执行力弱、员工积极性不高、企业利润低、公司很难做大做强，那么，应该如何破局呢？

1. 管理者不想管

很多管理者认为多一事不如少一事，管理得好与不好都与自己的收入没有太大的关系。虽然管理者从事管理工作，但是他们并没有履行管理者的职责，管理工作做得不到位。

有的员工反复犯错，管理者批评他们，批评多了且发现员工不把他的话听进去，下次还犯同样的错误，管理者就懒得管了；公司的培训体系与绩效考核做得不好也会导致团队执行力变弱，员工变成“老油条”，管理者宁愿自己去把事情做好，也不愿意去管理员工。

2. 管理者不敢管

当公司的规章制度不明确，对很多行为的处罚方式就是罚款时，员工会产生不满，甚至离职，这会使员工的工作转移到管理者身上；管理者怕得罪人，不敢管。然而，管理者不敢管的原因大多是管理者不会管。

3. 管理者不会管

管理者不知道怎么管，一是自身没有学过管理，二是公司没有对其进行专业训练。当下大多数企业管理者都不会管理，甚至连早会、总结会、周会、月会、复盘会议都不知道怎么开，更不要说做好制度建设、流程建设、领导力建设等。

这些问题不解决的后果是什么？

____

____

三、病根：责任在哪里

企业“一把手”对绩效管理的重视程度，决定了绩效考核的成败。

很多企业家认为绩效管理是HR的工作职责，把这项工作交给人力资源部去完成就行了。这种想法是过去的想法，那时每一家企业都不缺人，如今，大多数企业都面临劳动力短缺的问题，企业招聘工作变得更加困难了。作为企业的“一把手”，对绩效管理就更加重视了。因为绩效管理与公司的战略相关，与公司愿景和目标相关，与公司的利润相关，与员工的利益相关，绩效管理的成败决定企业未来的发展，无论是国有企业、民营企业，还是事业单位，组织的绩效都是“一把手”工程。

“一把手”的绩效，当然需要“一把手”来抓。

领导者要对一个组织进行管理，首先要明确组织的任务目标，然后对任务目标进行合理的分解，从而将其转化为“全员的绩效”。对于全员的绩效，只有“一把手”才具有推动全局的能力。

很多企业家对绩效管理的重视程度不够，在执行的过程中稍微遇到一点阻力就会放弃。绩效管理是企业的一项艰巨任务，它跟公司的目标相关。公司在推行绩效管理的过程中，不管是高管还是员工，一定会有人反对绩效管理，特别是从来没有做过绩效管理的企业的员工，那些平时在公司混日子的员工会找各种理由说服老板。公司推行绩效管理之后，员工的所有工作都跟工资、福利挂钩，每个人当月的表现通过数据、软件清楚地展现出来。对于那些表现不好的员工，绩效管理就是一种约束，所以他们会反对实施绩效管理，这个时候就要看老板推行绩效管理的决心是否坚定。

任何一家能做大做强的企业都离不开绩效管理。如今，在党的坚强领导下，政府各级部门也在执行严格的绩效管理，所以中小企业也必须重视绩效管理。还有很多人说，我们企业不大，不需要实施绩效管理，这种说法非常不合理。要知道，等到企业做大之后再推行绩效管理，实施起来就会变得更加困难。

在推行绩效管理的过程中，“一把手”要授权和推进，对拒不执行绩效管理又无充分理由的高管和员工进行问责，企业的绩效管理才能顺利地推行下去。如果你不是公司的负责人，在公司推进绩效管理时，一定要得到“一把手”的授权与全力支持，否则绩效管理失败的可能性非常大。

很多老板由于工作忙，没有时间学习，管理思维和管理方法还停留在以前。一家企业能做大做强的关键就是做好管理，老板的管理思维和管理方法如果跟不上时代的发展，管理公司就会无从下手。在竞争激烈的环境中，企业又如何做大做强呢?

受大环境的影响，中小企业面临前所未有的困难和挑战，大多数老板都把时间放在增加业务订单、提升技术、研发产品等方面，甚至还要亲自处理一些小事，到头来，不仅企业没有赚到钱，自己还很辛苦。因此是时候要重视企业的绩效管理了。

如果不重视企业的绩效管理，就会应验这句话：晋升加薪靠关系，没事拍马屁；岗位职责不清晰，皮球到处踢。

请用50个字描述一下你的公司的绩效管理现状：________________________

____

____

四、考核：本质是什么

对企业来说，薪酬关系每个员工的切身利益，而绩效管理的好坏取决于企业充分利用人力资源的程度。企业依据绩效考核确定员工的劳动报酬，合理、有效的绩效考核能够使企业根据员工的表现实行奖赏和惩罚，有利于调动员工的积极性和主动性，同时使不认真努力的员工认识到自身的缺点和不足，促使其克服缺点、改正不足。只有全体员工认真努力为企业创造利润，企业的竞争力才能得到提高。

同时，绩效考核是员工薪酬分配和职务晋升的依据，是检验员工能力的一大标准，而能力只有在工作中才能展现出来。绩效考核能让员工之间变得更有竞争性，促使员工更有上进心。对于企业来说，员工的工作调配和职务晋升是企业发展中必须解决好的问题，关系企业人力资源的稳定和企业整体的氛围。绩效考核能够帮助企业评价员工的工作表现和工作业绩，了解员工的工作情况，进行有效的岗位分析，调查人岗匹配程度，实现员工的合理配置，从而促进企业各项工作有序发展。

员工的工作表现和工作成绩在绩效考核中得到有效体现，这为企业开发人力资源提供了重要的依据。根据绩效考核的结果，企业对绩效考核得分高的员工加以重用，通过提升职位、轮岗培训等方式，给他们更大的发展空间；对绩效考核得分较低的员工进行警示，通过降级、调整岗位等方式，使他们端正工作态度、提升工作业绩，在此过程中实现企业人力资源的开发与利用。

绩效管理是企业提高管理效率的重要方法。

在这个充满不确定性、复杂性的时代，企业间的竞争日益激烈，在各项条件都日趋相同的情况下，人是最重要的可变因素，是企业在激烈的竞争中取胜的决定性因素。因此，对员工的有效管理是企业能够发展的关键，而绩效管理是管理员工的重要方法。

绩效管理有利于企业进行有效的人力资源管理，提高生产效率，降低成本，实现企业制定的目标，可以让企业在日益激烈的市场竞争中立于不败之地。

绩效管理让老板得到解放。

老板忙成什么样？忙得连生病了都没有时间去看医生。在民营企业中，这种情况很常见，老板为什么会感到很忙？其重要原因是绩效管理做得不好，员工出工不出力，表现得好与不好，工资都不受影响，公司所有的压力都由老板来承担，老板心力交瘁，员工不但熟视无睹，还不断制造问题。

你的公司有这样的情况吗？

有□　无□

如果有这样的情况且不加以改变，这对公司的发展和你个人有什么影响？

____

____

有效的绩效考核让公司的所有事情都有人愿意去操心，所有人都愿意为公司的利润与公司的目标负责，老板就有时间去学习，去深度思考企业未来的发展方向，去做自己人生中更有意义的事情等。

五、人才：靠什么来吸引

每一位企业家都要深入地思考：员工为什么来你的企业上班而不是去其他企业，是什么吸引了这些员工进入你的企业，又是什么让这些员工愿意长期留下来，把他们的青春、汗水和时间奉献给企业？

我经常会问员工一个问题，你的梦想是什么？

一个员工或合伙人加入这家公司，他想要什么，不想要什么？如果你不知道，就很难激发他们的原动力。很多老板经常问我，为什么有些公司的员工愿意天天加班，每天都加班到深更半夜，而且工作起来还很起劲，自己公司的员工如何才能够像那些公司的员工一样努力呢？

是什么吸引了员工？

不同的企业，员工加入的目的不一样。中小民营企业中，90%以上的员工都是为了当下的收入和未来的发展。

可能有些人不认同这个观点，有企业对自己的员工做过调研，并把得出的数据公布在网络上：70%的员工进入企业是为了学习技能，20%的员工是为了赚钱，还有10%的员工是有其他特殊需求。为什么70%的员工是为了学习技能而来？因为这家公司是一家大型的互联网公司，员工在这家公司工作一年，跳槽之后其工资有可能翻倍，还能让简历更漂亮。

有句话送给各位企业家：老板最重要的一项能力就是要学会分配，懂得分钱。

曾经有人说过，员工离职，要么是钱分得不合理，要么是受了委屈。我认为只要钱分得合理，受一点委屈也无所谓。很多公司都遇到过执行力问题、质量问题、工期问题、效率问题等，这些其实都是分配的问题。

华为公司的创始人任正非曾经说过："钱分好了，管理的一大半问题就解决了。"每一位企业家都希望员工像自己一样拼命，都希望员工站在自己的角度思考问题，实际上多数员工并不是这样想的，很多员工看到企业存在问题的时候，他们并不急着去解决问题，还有很多员工对自己岗位上的职责工作，能推掉的都尽量推掉，这就是管理上最大的难题——做多做少都一样，我为什么要努力呢?

怎么解决?

这其实是**“目标管理”**与**“绩效考核”**的问题。

为什么要问每一个员工“你想要什么”？这其实也是在问，“公司能给你什么”？我们要解决的是如何提高员工的主人翁意识以及员工工作意愿的问题。只有把员工想要什么和企业想要什么这两个问题厘清，才能真正地解决如何提高员工的主人翁意识的问题。

让每一个员工为自己而工作是管理上的一个难题，只要员工把公司目标当作自己的目标，把公司当作自己的企业，他们才会努力拼搏。如何才能让员工感觉是在为自己工作呢?

其实就是要解决好分配的问题，每一位企业家都要学会分钱，因为只有钱分得清楚，才能合得愉快。企业做不大、做不强、利润低这些问题都是分配不合理导致的。为什么分配不合理？因为企业没有一套合适的分配机制。

很多人说这个老板格局小，那个老板小气，我认为不是老板格局小，不是老板不愿意分钱，不是老板小气，而是他们缺乏一套现代化的分配体系，缺乏将工作量化的工具。企业越做越大，老板的钱就变得越来越多，就像任正非一样，虽然只有百分之零点几的股份，但这零点几的股份很值钱。

分配的问题对于企业员工来说就是绩效考核与薪酬设计的问题，把绩效考核与薪酬设计的问题解决了，分配的问题就解决了，企业才能吸引更多的优秀人才，为企业的发展创造价值。

你用什么方法来吸引更多优秀人才加入你的企业呢？请在下面写下8种吸引优秀人才的方法：

1. ______________________________
2. ______________________________
3. ______________________________
4. ______________________________
5. ______________________________
6. ______________________________
7. ______________________________
8. ______________________________

六、未来：企业拼的是什么

对于未来的企业，什么是最重要的呢？

有人说是战略，有人说是模式，有人说是产品，有人说是服务，有人说是管理，有人说是数据，有人说是标准化。其实，企业在不同的阶段，其需求是不一样的。企业刚成立时，行业的选择和资源是最重要的；企业在发展中时，企业产品、流程、管理是最重要的；企业做大之后，文化是最重要的。**我认为企业拼到最后，拼的是人才。管理大师彼得·德鲁克也认为，企业最大的财富是人才。**

企业竞争，归根结底是人才的竞争。“挖墙脚”在企业竞争中屡见不鲜，当我们看到很多大企业的顶尖人才在一夜之间被竞争对手挖走时，我们要思考，在人才竞争异常激烈的今天，企业靠什么来吸引优秀人才，又如何才能留住这些人才？

用好人才，调动他们的积极性尤为重要。每一位企业家都要具备用人的能力，特别是用好人才的能力，让有能力者充分发挥才智。古今中外，几乎所有的领袖都要具备这项能力。比如，汉高祖刘邦在楚汉之争中能笑到最后，并非因为他的文韬武略，而是他会用人，他的用人能力和领导能力比项羽强很多，吸引了韩信这样一批人才，我认为最关键的是刘邦的分配机制做得好，比如承诺让韩信做楚王。

西汉时期，刘邦当皇帝后在都城洛阳南宫摆酒宴，招待文武百官，他问百官自己比项羽强在哪里，百官纷纷夸赞他大仁大义。刘邦是这样说的："夫运筹策帷帐之中，决胜于千里之外，吾不如子房。镇国家，抚百姓，给馈饷，不绝粮道，吾不如萧何。连百万之军，战必胜，攻必取，吾不如韩信。此三者，皆人杰也，吾能用之，此吾所以取天下也。"《史记》中这句话的意思是，运筹帷幄不如张良，安抚百姓不如萧何，率军打仗不如韩信，但他能合理地利用他们三位俊杰，所以能得天下。

刘邦会用人，把不同的人才放在适合的岗位上，所以能取天下。在数字经济时代，市场上不确定的因素增多，新一代员工的价值观使用工模式发生了翻天覆地的变化，企业需要通过员工自身的内驱力带动创新、拥抱变化、顺应未来。

推动企业的成长，首先要弱化管理者传统的管理思维，比如决策指令不再是单纯的上传下达，而是协同、共创，通过现代化的管理工具解决问题，提高效率和完成目标。在新的管理思维主导下，企业家们对传统的绩效管理和员工管理进行彻底的革新，用一种更符合人性的、年轻化的情景化管控方式，使企业效益倍增。

如何才能提升企业的竞争力？

____

____

____

七、老板：拼的是什么

创办企业这条路上的人越来越多，面临的挑战也越来越多，竞争也必然越来越大。这条路很难走，但也正因为难走，才证明了企业老板的价值。走这条难走的路，最考验的是走在这条路前面的领头人。

作为企业的最高领导者，老板身兼重任、废寝忘食，整天为大大小小的事忙得不可开交。但是，老板应该明白哪些事情是自己该做的，哪些事情是需要安排下属去做的，而非将所有任务揽在身上，这样自己才有时间去做一些其他更有价值的事，把精力和时间放在企业发展的关键任务上，带领企业不断发展壮大。

当你发现自己时常被一些小事绊住脚时，就要反思一下，自己是否做好了一个老板该做的事，又是否做了很多老板本不应该做的事。有一家五金厂，员工有五六十人，一年的产值在3000万元左右，其老板是一个非常勤劳的人。有一次我去他们工厂，因为这家企业的老板之前了解过我们公司，所以他对我非常客气，从车间走出来接待我，当他伸出手来想跟我握手时，他感到不好意思，又把手缩了回去。

为什么会这样呢？

因为当时他正在车间修机器，做机修师傅的工作。他在接待我的时候跟我抱怨现在的机修师傅水平不够，一点小问题都解决不了，要他亲自去维修，言语中透露出自己修理机器的能力强，脸上还露出几分自信和骄傲。

这个老板有好多问题要请教我：工厂的好几个员工离职了，比如一个业务能力不错的外贸业务员，工厂刚给他发了去年的年终奖，但不久就离职了；现在招人困难，效率上不去，不能按时交货；等等。

我没有正面地回答他的问题，而是先跟他闲聊，我说："老总你是哪年出生的，准备什么时候退休？"他对我说："还没有想过这事，今年50多岁，还要奋斗20年以上。"我说："20年的工作时间，有想过20年有多少天吗？7000多天而已，从这7000多天中去掉周日，去掉节假日，去掉陪家人的时间，去掉休息时间，请问工作的时间还有多少呢？”

他沉默了一下，说：“现在订单工期、产品质量、员工的招聘与管理等全都要自己负责，休息一天都不行。”我说：“老总呀，你有些工作可以授权给下属去干。”他对我说：“孙老师，我的下属能力不行，要是他们能搞好，我就省事了。”

我对他说：“你有思考过人生中什么是最重要的，什么是最宝贵的吗？”我相信每一位企业家都认真地思考过这个问题：**什么才是人生中最重要的事？**

企业老板拼的是时间和思想，每一个人的时间和精力都有限，把宝贵的时间放到最重要的事情上面，这样才能够创造更大的价值。对于中小企业老板来说，什么是最重要的事呢？我认为以下四件事是最重要的。

1. 定战略：决定做什么

战略是一个公司、一个组织的发展方向，是一个长期性问题，其重要性毋庸置疑。换句话说，一旦公司的发展规划方向错了，付出再多的努力也不过是“瞎子点灯——白费蜡”，一切都是没有意义的。

老板的职责就是做正确的事，决定企业的发展方向，也就是企业要向哪里去，如何去，达到什么样的目标。老板要根据公司实际发展情况，给企业做好规划，做出英明的决策。

2. 用好人：招揽人才

企业经营的关键是人才。杰克·韦尔奇说：“领导者的工作，就是把全世界各地最优秀的人才招揽过来。”对于高级人才，只要认为值得，绝不吝啬。由此可见，人才在企业发展中的重要性。

3. 立好规：建立公司的基本法

俗话说：“没有规矩，不成方圆。”在企业里，什么事可以做，什么事情不可以做，必须都将其界定清楚，一个组织如果没有规矩来约束，必然乱套。规矩表现在很多方面，如制度、员工守则、价值观等，相当于企业的管理大纲。

4. 分好钱：绩效考核与薪酬设计

一个成功的老板是能够“分好钱”的。如果钱分不好，不但起不到激励作用，反而可能会引起一些不良后果。有关如何分钱的问题我在后面的章节详细介绍。

企业家的思想：企业家经营的是人。

如果把一家企业比喻成一棵树，那么树结的果实就是企业的利润。树为什么会结果呢？这跟很多东西相关，比如气候、种子、树干、树枝、树叶等。可以把气候比喻成经商环境，树的种子比喻成希望和梦想，树干比喻成公司的核心人才与股东，树枝比喻成公司的高管，树叶比喻成公司的员工，只有花时间、花精力打理好这棵树，它才能开花结果，企业才会有利润。

老板是什么呢？老板就是土壤，土壤不好，树干就长不大，企业这棵大树就有可能枯萎，更不要说开花结果。对于老板来说，土壤又意味着什么呢？土壤就是企业家的思想和精神，做企业**不要把企业当生意做，要把企业当生命，要经营人，经营思想和精神。**

我老家在贵州遵义的娄山关脚下。当年红军在遵义取得胜利之后，毛主席在娄山关山顶感慨万千，吟出了长征中最为悲壮的著名诗句：“西风烈，长空雁叫霜晨月。霜晨月，马蹄声碎，喇叭声咽。雄关漫道真如铁，而今迈步从头越。从头越，苍山如海，残阳如血。”（《忆秦娥·娄山关》）

从毛主席的诗句中感受当年红军大战的场景，在那样的环境中取得胜利是双方战略与战术的博弈，领导力与执行力的博弈，是领导者之间的博弈，更是领导者思想之间博弈的结果。

每次爬到娄山关山顶俯瞰，我都会感慨万千，总是思考以下几个问题：

1. 这个世界到底有多大

这里的“世界”并不是地球的表面积，而是我们每个人的内心世界。

2. 人的寿命有多长

在娄山关山顶，红军烈士纪念碑上密密麻麻地记录了当年英勇牺牲的烈士名单，每次到山顶我都会给烈士们鞠躬。站在山顶俯瞰，我常常会禁不住思考："世界那么大，人类只是其中渺小的一部分，那么人的寿命有多长？"

3. 我能为社会做点什么

我们这代人的幸福生活来之不易，每个人的时间有限，要用有限的时间为社会创造更大的价值，才不枉此生。我原来是做软件开发、写代码的，是一个技术工程师，正是因为想通了这件事之后，才走上管理这条路。只有把公司经营好了才能为社会创造更大的价值。

请列出对于企业老板而言最重要的十件事：________________

____

____

____

____

____

____

____

第二章 | 绩效考核的底层逻辑

一、思路：绩效考核以目标为导向

什么样的绩效考核方式更能激励员工呢？长期研究绩效管理的我每天都在思考这个问题，答案是**让员工感觉是在为自己工作的绩效考核方式更能激励员工**。

很多人都点过外卖，送外卖的小哥风雨无阻、日晒雨淋，只要是客人点餐了，基本都能准时为其送到，服务态度非常好，还自备交通工具，每天都希望自己能多跑几单。他们为什么这么积极，做事这么认真呢？

有一次我和助理一起去外地帮企业做咨询管理，回来的时候遇到飞机晚点，到广州白云机场时已经是深夜了，从广州白云机场到东莞还有1.5小时的路程，我们选择坐网约车回家，于是用手机打开打车软件下单，不到5秒钟就有人接单了，我们从白云机场出来的一路上都有人在问我们要不要坐车，这些人好积极呀，他们为什么这么积极？

当我们到达站台的时候，网约车司机已经在那里等我们了。上车之后我就跟司机聊天，我问："这么晚了，你是专职还是兼职开网约车的？"司机回答说："我是专职的。"我再问他："深更半夜的你这么努力，一个月应该可以赚几万块钱吧？"司机哈哈大笑，并说："一个月能够赚到六七千块钱就不错了，生意好的时候，一个月可以进账一万多块，少的时候七八千块，开车的风险很大，赚不到什么钱，自己还要买车、买保险，有时候不小心闯红灯被罚款，去掉修车费、油钱后所剩的钱就不多了，而且自己选择的是跑机场，没有走市区，要是走市区一旦碰到堵车，那么一个月的收入就更少了。"

开网约车收入并不高，但为什么这些司机这么积极呢？自己买车，还承担风险，没有人要求他们深夜加班，也没有人要求他们每天必须完成多少工作量，他们都是自发地拼命工作。各位企业家朋友，你的公司请司机吗？车是谁买的？车的保险又是谁买的？油费是司机自己掏钱支付的吗？这些都是公司出的钱，有可能公司司机的工资比这些网约车司机的收入还要高。公司还要给他们发年终奖，关键是公司司机的积极性有网约车司机的高吗？他们愿意每天晚上主动加班到深夜吗？

公司的司机与网约车司机有什么不一样呢？

网约车司机是在为自己工作，付出得多就收获得多，公司司机的工资是按月发放的，最多加一些绩效工资，所以他们的积极性没办法和网约车司机比，这个就是分配的问题，是薪酬设计的问题。

企业想要提高员工积极性，必须在绩效考核上下功夫。绩效与员工的切身利益相关。很多人会形成一个固定的思维模式，我把事情交给员工做，给员工发工资，员工做不好就扣钱，这个逻辑好像是通的，但是为什么员工积极性越来越低呢？这说明企业员工的工作评价体系做得不够好，如何设计企业员工的工作评价体系，是本书要讲的重点。

企业以目标为导向，把各种战略目标分解到各个部门，部门再把目标分解到员工，员工的绩效同样是以目标为导向，目标的达成体现在事件和过程上，也就是说，公司每个人所做的每件事都是跟目标挂钩的。很多人把目标理解为一个数字，比如今年营业额要做到多少万元或者多少亿元，这种目标对企业管理来说极度艰难，达到目标的过程中要么出错，要么走很多弯路，其实企业需要做的不是目标管理而是价值管理，要管理的目标不应该是销售数据，而是我们给客户带来的最大价值。

运用这个逻辑来设计绩效考核方案，每个员工每个月的工作为客户带来的价值越高，他的绩效考核得分就会越高，也就是说，绩效考核要从客户的角度出发，而不是从公司的角度出发或者从团队的角度出发，这点非常关键。

比如对一个工厂车间的负责人进行绩效考核，通常考核的是交货及时率、产品质量、成本、效率等，但这种考核方式会让企业竞争力越来越弱，让被考核者感到比较被动，他们会认为这种工作没有意义。而如果换一种方式来考核，被考核者的积极性立刻就能被调动起来。

工厂可以通过设置评价等级（如优、良、合格、不合格）去评价车间负责人的工作。

企业最终目的是为客户创造价值，企业为客户创造的价值越高，客户选择企业进行合作的可能性越大。依照这个逻辑，车间负责人能够保质保量并按时交货就是合格，不能保质保量并按时交货就是不合格。良的标准是什么呢？产品能够超越竞争对手。怎么去衡量优呢？车间负责人在生产产品的过程中改善了流程，节约了成本，提高了效率，申请了专利等。这些成效都可以作为车间负责人评优的标准。

如果这样设计车间负责人的绩效考核方案，他的思维方式就会发生转变，从原来关注产品质量、成本，转变为关注如何为客户创造价值，关注如何提升公司的核心竞争力，思维方式不一样，得到的结果就不一样，企业设计绩效考核方案的思路就是要以目标为导向，这种目标就是从公司顶层战略分解出来的一个又一个的小目标。

二、目标：绩效考核以利润为中心

企业必须赚钱，否则企业就没有任何生存价值，就会被竞争对手淘汰，特别是初创期的企业，我们发现其中很多企业都很优秀，但就是不盈利。如果是在短时间内不盈利，当企业的现金流没有问题时，企业是可以接受的，而长时间不盈利，老板的压力就会越来越大，所以在制定绩效考核指标的时候，利润指标是企业最关键的指标，利润指标不能太高，也不能太低，否则公司的利润就变少了。

为什么利润指标不能太高？

我们服务过一家餐饮企业，在我们去落地实施绩效管理之前，他们的毛利率达到了100%，在分析了他们的客户回头率之后，发现客户的回头率极低，回头率跟很多因素有关，而产品的价格是其中一个很重要的因素，因此我们建议这家企业把毛利率调整到48%～50%，调整后，这家餐饮企业的生意越来越好，3个月之后每个月的营业额都增长了4倍，当然，营业额的增长跟很多因素相关，比如服务和菜品。

多数企业把“以客户为中心”作为企业的经营理念，他们把这些标语挂在墙上，使其成为企业的核心价值观。为什么要以客户为中心？因为企业要不断为客户创造价值，通过成就客户，让客户成功，帮客户赚钱，从而成就自己的企业，让自己企业也能赚钱。

以利润为中心，不是厂家以自我为中心去赚钱，也不是以利润为导向追求利润的最大化，而是要追求利润的适量化，在成就客户的同时获得合理的利润。

三、梦想：绩效考核——无形的力量

如果把赚钱当作企业经营的最终目标，那么每个员工都会考虑自己如何赚钱，企业就会出现各种问题，例如员工偷懒、腐败。但是如果把梦想当成目标，把赚钱当成结果，那么这家企业就可能成为一家伟大的企业。就好比你把赚钱当作结果，把成长当成目标，那么你就是一个有战斗力的人，就可能做出一番伟大的事业。

人类因梦想而伟大，所有成功的企业创始人在创建企业的时候都有一个伟大的梦想。一家企业在创立初期，各种条件有限，工资水平也没有办法跟大企业相比，创始人靠什么来吸引更多的优秀员工呢？靠的就是梦想，说具体一些，就是企业的使命。

梦想跟绩效考核有什么关系呢？

很多企业家在讲自己企业使命的时候，内心没有力量，原因是认为梦想太大，怕实现不了，自己都不相信这件事能完成，这是对使命的理解不够。使命是永远完成不了的，如果使命能被完成，那么这个使命最多是一个大目标，而不是真正的使命。释迦牟尼始建佛教至今，“普度众生”这一使命仍然未完成，但没有人说释迦牟尼的使命是虚的，原因主要有以下两点：

第一，释迦牟尼相信“普度众生”这一使命，不只是他自己相信，他还让他的跟随者相信，所以最重要的就是要能说服你的团队让他们相信这个使命；第二，必须一直坚持朝着这个使命的方向努力。

司机开车去一个陌生的地方，不知道怎么去，要借助导航仪，在导航仪上输入地址（目的地），如果把这个地址比喻成企业的使命，那么使命就是用来引导司机的导航仪，确保司机不走错路，当司机在某一段路走错了，导航就会不断地提醒司机。

企业的使命也是一样，当企业在经营的过程中，遇到各种重大抉择，不知道选择什么、放弃什么的时候，就要凭使命作正确的选择，因为很多事不分对与错，绩效考核是围绕使命进行的。因为要达成使命，达成愿景，公司需要跟员工约法三章，这个约法三章就是绩效考核的一部分，我在后面的章节中会对此做详细的介绍。

四、落地：绩效管理的四个价值维度

绩效管理的四个价值维度见图2-1。

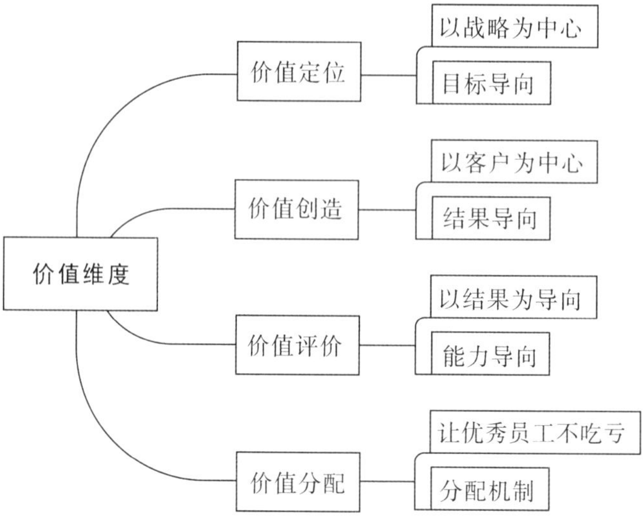

图2-1 绩效管理的四个价值维度

价值定位是从使命和愿景开始的，可以将使命和愿景分解成战略，战略就是公司决定做什么、放弃什么的导向，这一步对于企业来说非常关键。选择大于努力，一旦选择错误，后期所有的努力都会白费。

将战略分解下去就是实现战略的一个个“战役”，将“战役”再往下面分解就是一个个项目，将项目再向下分解就是一个个子项目。每个企业都有自己的战略目标，为了实现战略目标，就会有一场场“战役”，就像打仗、攻山头一样，有很多事情要做。企业的一场场“战役”也是一样，需要团队配合，服从指挥，齐心协力，比如开一场展会，研发一个新产品，拿下一个大项目等。

人事部需要组建团队，需要做员工关怀，技术部需要调试好产品，运营部需要策划推广，业务部需要跟进签单等，这些就是一个个子项目，子项目还可以被分解成一个个工作任务，比如要达成多少业绩，将业绩分解到各个部门，再分解到个人，每个人对应的目标都不一样（图2–2）。

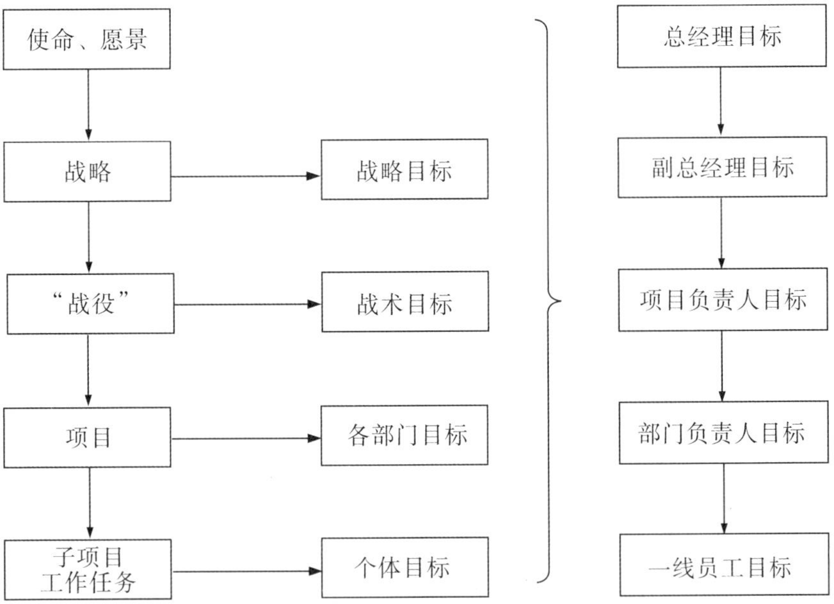

图2–2　制定目标与分解流程

达成战略目标就是价值创造，价值创造不是一个人能完成的，需要全体员工积极配合，艰苦奋斗，需要各种资源的支持。价值创造是一家企业最终想要达成的目标。企业通过价值创造的结果对团队人员的绩效结果进行评价，对贡献多的员工进行奖励，如加薪升职等，本书在后面会详细讲解如何做好每个员工的价值评价。

企业的管理方法和工具一定要与时俱进，不断创新，杜绝“拍脑袋”的决策和行为，用数据说话，要做到**“五化”**（图2–3），**即制度化管理人、流程化定标准、标准化做复制、工具化提效能和数据化做决策。**

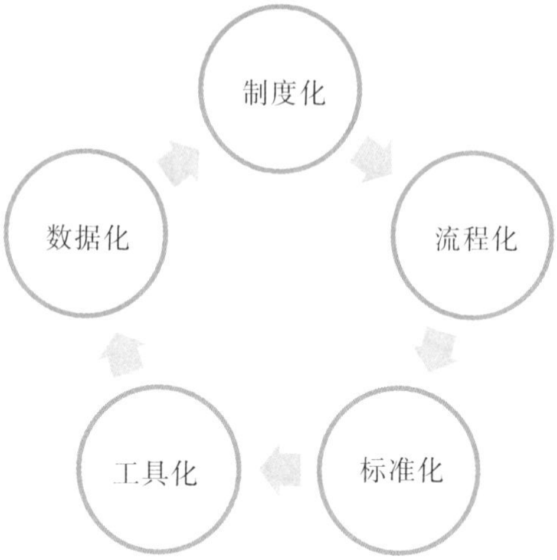

图2–3　企业管理的五个标准

1. 制度化：管理人

一个企业要想成为一流的企业，仅靠员工自觉是行不通的，还必须用制度来做“鞭绳”，只有在制度的鞭策下才能出现一流的员工，才能创造出非凡的成绩。管理大师彼得·德鲁克曾经说过：“一个不能将制度看作是企业灵魂的企业，根本称不上是企业。”制度是一个企业的灵魂，是企业得以正常运转的坚固基石，在当前竞争激烈的市场环境中，制度的作用尤为突出，只有依靠制度才能合理、有效地规范和指导企业的各项管理工作，从而让企业在最大程度上获得可观的效益，在市场竞争中立于不败之地。

规章制度如同绘图工具里的“规”和“矩”，有了这两个法宝，企业经营才能够取得圆满和成功。一定要做到在公司制度面前人人平等，不能搞特权，只有这样才能真正地让企业步入一流企业的行列。彼得·德鲁克认为，没有特权的制度是一个企业走向成熟和稳固的重要条件，哪个企业如果在制度上搞特权，那么就等于违背了企业正常管理的模式。如今市场竞争十分激烈，这种竞争不仅体现在技术、产品领先程度上，而且体现在公司的内部管理上，企业管理者应该懂得这一点，更应该积极以身作则，让企业内部制度得到进一步的完善。

要想让一个企业成为时代发展中的强者，首先就应当使企业制度与时俱进，只有这样，才能让制度更加完善，更容易被执行。每个企业制定管理制度的目的都是让员工遵守公司的规章制度，从根本上解决公司执行力不强的问题。而制度不能朝令夕改，公司需要随着时间和时代的发展对其进行灵活的调整。

流程可以使企业各职能部门分工明确、职责清晰、监控有力、处置及时，能充分地调动员工的积极性和创造性，使企业统一协调、目标明确、团结高效。只有流程被有效地执行，并得到完善和优化，组织运营问题才会得到持续的改进，组织总体绩效才会得到提升，企业的管理能力才会得到提升。

制度重在执行，司机如果闯红灯，一定会被罚款和扣分。然而企业的员工违反了规章制度，管理者却不敢对其进行罚款，制度就没有得到执行，这是当下中小企业管理困难的重要原因。不只是不敢罚款，管理者语气稍微重了一点，员工可能就离职了。

我服务过一家饭店，这个店规定：杯子不干净或摆放不整齐，每次罚款10元。我对这个老板说：“你们的规章制度定得很细啊！”他说：“有什么用呢？不要说杯子摆放不整齐，就是把杯子打破了，我们也不敢扣员工的钱，我们规定破损的餐具不得上桌，但是你看这桌子上还是有破损的餐具，给客人的感觉很不好，我们都不敢罚款，担心员工离职，现在招人不容易，员工离职了，干活的人就没有了。”

很多制度对于中小企业来说就是一纸空文，企业在管理员工的时候受到法律的约束，不敢乱罚款，只能口头指出错误，可问题是：口头指出错误不管用，不罚款，如何提高执行力呢？

用绩效考核中的积分制进行奖扣。

钱被扣了，员工的收入就少了，而积分被扣了员工还可以通过节省成本、努力工作等其他方法赚回来，积分跟工资挂钩，跟福利挂钩，一样起到处罚的作用，第一次犯错误，少扣；重复犯错误则加倍扣，效果与扣钱一样，而且扣积分还起到提醒的作用，积分是扣钱与不敢扣钱之间的调和剂，有关积分管理的内容，请阅读我的另一本书——《倍增管理1+1+1模式——让你的业绩快速增长3倍以上》。

你的公司制度执行力怎么样？

制度执行力很好□　制度执行力很弱□

浅谈制度执行对你的公司的影响。

____

____

____

____

2. 流程化：定标准

明确的工作流程能让企业所有员工都明白，各项事务由谁来做（需要具备什么能力）、如何做、达到什么标准。企业的标准和要求一目了然，职责清楚，责任明确，市场反应能力和竞争力才能得到提高。流程建设能消除部门障碍，释放员工的潜力，发挥员工的热情，提高企业的整体运行效率，增强企业的核心竞争力。

流程建设是为了消除人浮于事、推诿扯皮、职责不清、执行力弱的问题，能使企业达到有序运作、效率提高的效果，能剔除日常工作中不必要的环节，使员工能选择最便捷的工作途径。通过建立规范的工作流程，员工可以规范地工作，减少不必要的行为，提高工作效率，以降低企业经营成本。通过流程建设，企业能做到规范化和标准化管理，有效地进行流程管理，减少执行过程中不必要的人力和物力消耗。

流程建设使企业日常工作规范化、系统化，员工有据可依，同时，使团队之间的合作得以加强，也避免了流程的各节点出现相互推诿的情况。

流程建设的目的就是要做标准化管理。

管理标准化，生产标准化，业务标准化，企业的一切标准化之后企业才能快速发展。流程建设对于企业这么重要，但还有很多企业的管理者不重视流程建设。

我经常出差帮助客户落地实施绩效管理，在落地过程中，我发现很多企业在流程设置上存在很多问题，如返工、效率不高、推卸责任等，这些问题都是流程设置不合理导致的。

我们服务了一家新三板上市公司。当我走进这家公司对员工进行一对一访谈的时候，发现销售员的状态并不好，他们反映公司的流程很复杂、效率低，这严重影响了他们的工作。比如完成报销流程竟然需要7个人签字，每一笔报销单，都需要他的直属领导、直属领导的上级、上级的上级的签字，再加上财务部门的会计以及财务总监、公司副总的签字，最后是老板的签字，整个流程耗费的时间很长，走完流程需要十多天，时间长的甚至需要两个月以上。

其实每个人签字的时间并不长，大家基本上看一眼就同意签字了，之所以要花这么长的时间才能走完报销流程，是因为大量的时间消耗在等待中，比如，有时候员工的报销单会在某一个领导那里停留很长的时间，可能遇到领导开会、出差等情况，员工就只能一直等着，有的领导甚至会把所有的文件都堆在同一天签字，基本上很多文件都没仔细看，扫一眼就同意签字了。

为什么会这样？因为最后一个把关签字的人是老板，所以其他人的签字只是走个过场，实际上老板也不怎么看，就同意签字了，老板说："这么多人都签字了，我能不同意吗"？

企业的报销流程都这么复杂，其他的流程可想而知。

企业需要流程，但是流程不能太复杂。一个好的流程需要以用户为中心，以结果为导向，要简化以提升效率。有一次，我出差去给客户做企业管理落地服务，住在一家酒店。我在前台办理完住宿手续以后，前台服务员给了我一张房卡，房卡上面写了“628房”。

我问前台服务员：“房间有Wi-Fi吗？Wi-Fi需要输入密码吗？”

前台服务员回答说：“房间号就是账号和密码。”

进了房间之后我就开始连接Wi-Fi，但输入“628”却怎么也连不上，我想可能是房间号错了，于是我到门口看了房间门牌，确定房间号没有错，那为什么会连接不上呢？

于是，我打电话到前台。

前台服务员说：“对不起，先生，我忘记跟你说，输入Wi-Fi密码的时候房间号码前面要加一个‘8’，Wi-Fi密码应该是‘8628’。在我们‘客户须知’里可以找到Wi-Fi密码。”

在输入“8268”以后，我终于成功连上Wi-Fi。

这家酒店为了所谓的吉利，在Wi-Fi密码中的房间号前加了一个“8”，而在告诉顾客Wi-Fi密码的时候，并没有提及这个事情，导致顾客在连接Wi-Fi时耽误了时间，影响了顾客的入住体验。其实对于顾客来说，他并不关心这个数字是否吉利，他关心的是如何连上Wi-Fi。

前台服务员反复给我道歉：“对不起，先生，对不起。”

我相信我不是第一个发现这个问题的顾客，也就是说，前台服务员在告知顾客Wi-Fi密码的时候，重复犯了低级的错误。

其实他们在酒店房间里的“客户须知”里已经写清楚了Wi-Fi密码，只是有几个人会去看呢?

为什么底层的员工都在重复地犯这么低级的错误呢?

还有一次，我到东莞厚街的一家家具厂做落地管理咨询服务。

这个家具厂是生产凳子的，走进生产车间的时候，我一眼就看出他们的流程出了问题。当时有一个员工正在拆钉在凳子上的海绵和牛皮，原因是海绵和牛皮的尺寸不合适，为什么不合适呢？因为设计师在设计的时候出现误差，而生产的工序又是先裁剪海绵和牛皮，所以海绵和牛皮的尺寸不符，只能拆下来重做，这就意味着生产工人在做重复的、低效率的工作，这给公司造成了极大的浪费。

为什么会出现上面提到的这些情况呢？

因为企业的每个员工都是以部门为导向，以工作为导向，不关心结果；以局部为导向，不关心整体；以上司为导向，不关心客户；以自己为导向，不关心公司的利益。流程设计得不合理，企业的分配机制设计得再好，效率也得不到太大的提升，所以我们一定要先把流程理顺，只有不断地优化组织流程，才能提高员工的效率与企业的利润。企业的“一把手”一定要重视流程的建设，好的流程对于企业来说至关重要，能让员工少犯错误，成本低，效率高，可以标准化地培养人才。在这里送给大家八句话：

凡是有岗位必须有流程；

凡是有岗位必须有视频；

凡是有岗位必须有人带；

凡是有岗位必须有培训；

凡是有岗位必须有验收；

凡是有岗位必须有考核；

凡是有考核必须有积分；

凡是用积分必须有赏罚。

检验流程是否建设得好，方法很简单，同一件事，看看公司所有人的做法是不是一样的，如果是一样的，说明流程建设得好。流程就像高速公路上的指示牌，就像导航仪，让开车的人不会迷路。

企业规模较小的时候，流程对于企业来说并不是太重要，就像红绿灯，来往的车辆少时，设置红绿灯反而浪费时间，来往的车辆多了就要设置红绿灯，这样才更加高效，否则，交通就会瘫痪。流程对于处在快速发展期的企业就很关键，公司做大之后，企业的核心竞争力不是产品，而是流程建设。

随着各种管理新理念、新技术、新方法的不断涌现，企业管理逐步从职能管理转向流程管理，很多企业都从流程管理中受益，并发展壮大、脱颖而出。

流程决定绩效，管理层可以通过激励员工、强调事件的重要性，达到一时的效果，但不改变流程及其背后的规则，这种效果是短暂的。流程管理的关键是确定目标和战略，确定责任人，确保流程按既定方式运作，并与公司交货率、质量合格率等挂钩，这样，从流程到绩效，再由绩效反馈到流程，形成一个闭环。流程管理更多的是渐进性的而非革命性的，因为每个公司都有现行的流程，不大可能推倒重来，因此要通过不断的微调来优化流程。

流程是企业运作的基础，企业所有的业务都需要流程来驱动，就像人体的血脉，流程能把相关的信息数据根据一定的条件从一个人（部门）输送到其他人（部门），得到相应的结果后再返回相关的人（部门）。

企业里不同的部门、不同的客户、不同的人员和不同的供应商之间都是靠流程来进行协同运作，在流程运行过程中，文档、产品、财务数据、项目、任务、人员、客户等会同时运转，倘若运转不畅，一定会导致整个过程运作不畅。

流程建设是提高工作效率的关键，企业管理者只有通过绩效考核把握好流程中的各个节点，才可以使工作人员的效率迅速提高。企业必须让流程运行起来，企业管理者思考问题时要从流程上思考，而流程最好让那些具有丰富企业管理经验和系统管理思维的人来设计，把科学的管理新方法和企业文化融为一体，让企业文化形成独特优势。流程建设是企业的核心竞争力，对企业的长远发展有着非常重要的意义。如何去建设公司的流程呢？按照流程建设的步骤（图2-4）反复优化就能取得结果。

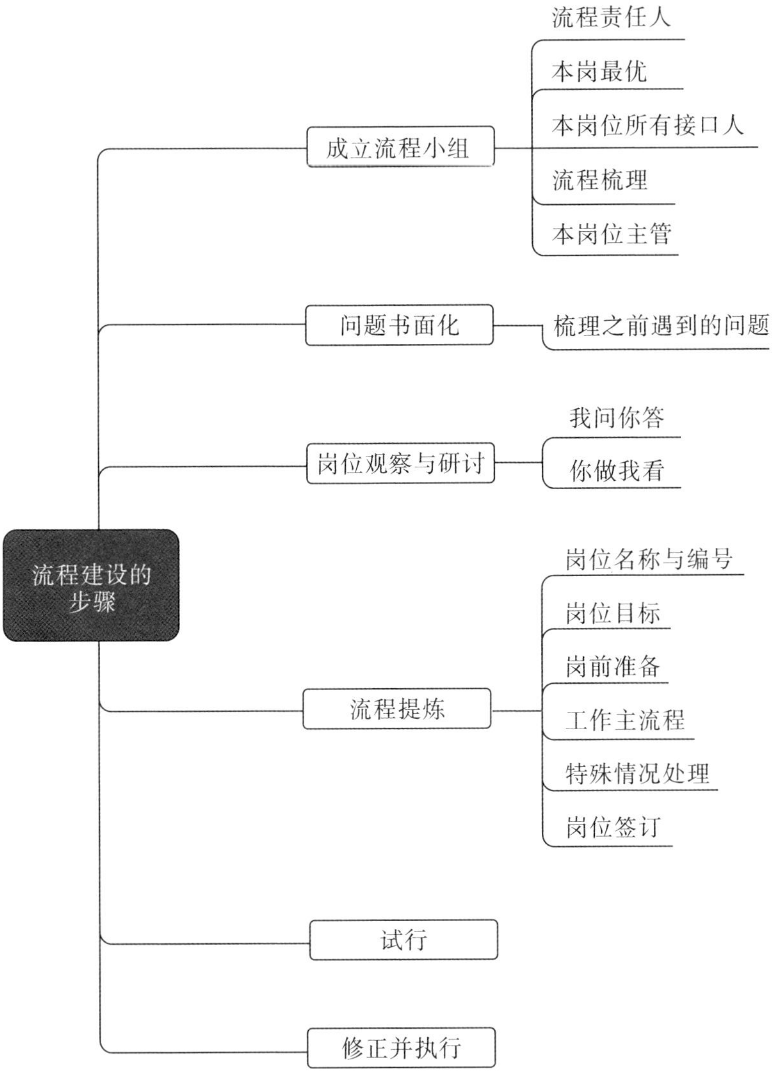

图2-4 流程建设的步骤

3. 标准化：做复制

标准化是将所有工作模式化，减少不必要的环节，将优化的工作流程固化下来，所有员工按照要求工作，避免出现错误，从而降低成本，提升企业竞争力。企业想要做大做强就必须实行标准化管理，如果想把一套管理机制复制到另外一个公司，就必须标准化。标准化需要高层推动，通过标准化管理让每个管理者的执行标准相同，上下一致，标准化的管理需要有完善的制度、流程与执行工具。

我认为全世界标准化建设较好的企业是麦当劳，麦当劳的招聘条件为店员须具有初中以上文化程度，店长须具有高中以上学历。麦当劳把人招进去培养一段时间后，他们都会变成标准化的管理者，还被猎头挖来挖去，为什么麦当劳可以把一个高中生培养成一名优秀的管理者呢？

麦当劳的任何事情都是有标准的。比如拖地方式为反向画“八”字，每一块牛肉饼的重量和热量都是一样的，排气扇每半个月必须换一台。标准是第一步，第二步则是通过技术控制代替人员控制，比如麦当劳的薯条放进炸锅里要炸5秒，麦当劳就设计了一台机器，薯条放进去之后5秒自动弹起。麦当劳还有一个规定，一个汉堡出炉后，15分钟内卖不掉就要被扔掉，于是设计了一个保温箱，只要保温箱的门一关，就有一个绿色的计时条开始计时，计时条走到第15分钟的时候，就变成红色并开始报警，这个时候员工就必须把卖不掉的汉堡扔掉，看起来有点浪费，但管理效率大幅提升，保证了品质，让全世界几万家麦当劳出售的汉堡味道都一样。

麦当劳这家企业真正的核心竞争力是什么呢？是麦当劳这套标准化的管理和流程。

你的企业需要进行标准化的是什么？

____

____

____

____

4.工具化：提效能

管理的工具包括管理方法、管理软件、管理机制等，企业要适应时代的变化，就要不断地更新工具来适应现代企业的发展和市场的竞争。

我国科技发展很快，比如交通工具，从自行车到摩托车，再到汽车、火车、高铁、飞机，不停地在更新。不同的交通工具有不一样的作用，坐在飞机上你可以快速地抵达目的地，还能一边工作或学习，一边欣赏美景，而自行车耗时耗力，效率低下。好的工具给我们带来的好处显而易见。

今天很多企业都在开始运用自动化、AI（人工智能），管理也从原来的人盯人管理、精细化管理、目标管理等变为工具管理。企业想要基业长青，管理工具必须跟上时代的步伐。

你的企业最需要的是什么工具?

做事的工具□　包括：____________________

做人的工具□　包括：____________________

5. 数据化：做决策

公司从员工招聘到绩效管理、人才培养，积累了大量非线性数据。这些数据都是企业的无形资产，企业利用大数据技术，对这些数据进行整合、分析、利用，能够为企业带来巨大效益。比如在员工招聘上，只需将公司用人要求与员工各项能力数据相匹配，结合人力资源部门招聘的经验，便可轻松选出符合要求的员工。在绩效考核上，进行标准化管理，将员工日常的各类数据进行分析、排名对比，设定等级标准，即可得出客观、公正的考核结果，通过数据对比，激励员工提高工作积极性，避免了绩效管理的主观性与不全面性。同时，根据大数据的分析结果，针对不同员工进行区别培训，更有效地提高培训水平。

用数据说话，依靠数据做决策。对采集的所有环节的数据进行量化管理，而不是用“拍脑袋”的方式进行人盯人管理。因为人都是有感情的，总有决策错误的时候，而只有数据才是准确的，通过数据你可以清楚地看到哪些员工的贡献值高，哪些员工的贡献值低；分析哪些员工的善于管理；哪些员工善于业务；哪些员工是有潜力的，哪些员工执行力强；等等。这有助于及时发现企业存在的问题，把人才放在合适的岗位上，优化人才结构，提高企业利润。

随着数据化技术的发展，我们将会进入一个全新的时代，为推动企业的发展，每家企业都应该从数据着手，通过数据为企业创造更大的财富。

你的企业对人才的评价是否需要进行数据化管理，为什么？

第三章 | 企业战略目标制定

一、绩效考核三张表与五大目标

古语说："凡事预则立，不预则废。"不论做什么事，事先必须有目标和计划，不然就会失败。**人要么活在目标里，要么活在迷茫里。**在企业管理过程中目标的重要性不言而喻，任何一个项目或者活动，都有它的目标，为了实现这个目标，要制订一个具体的可执行的计划，然后分配到团队，分配到个人。团队或个人开始按照计划执行，一步一步地向目标靠近，目标达成之后，团队中每个人都会很有成就感。没有目标的活动，任何行动都是盲目的，人们会像无头苍蝇一样乱撞。

没有利益不要谈执行；

没有方向不要谈策略；

没有流程不要谈标准；

没有系统不要谈管理；

没目标不谈绩效考核。

没有目标绩效考核就没有标准，没有考核的依据。

在做绩效考核之前需要思考三张表（图3–1）：

第一张表叫客户第一，对应的是客户健康表；

第二张表叫员工第二，对应的是人力资源表；

第三张表叫股东第三，对应的是财务报表。

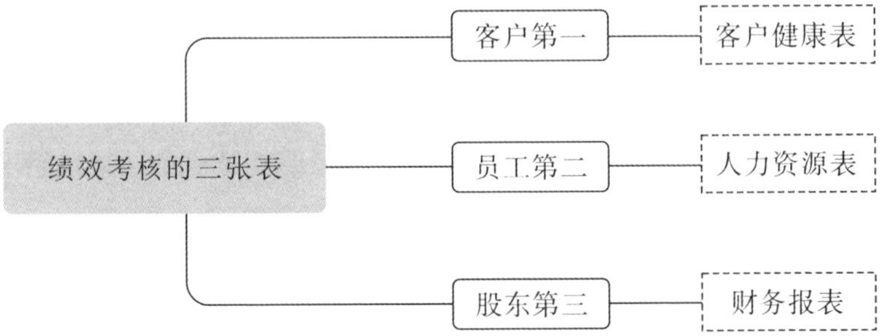

图3–1　绩效考核的三张表

根据绩效考核的三张表分析出企业的管理目标主要包括**客户目标、财务目标、团队目标、创新目标、能力目标**（图3-2）。

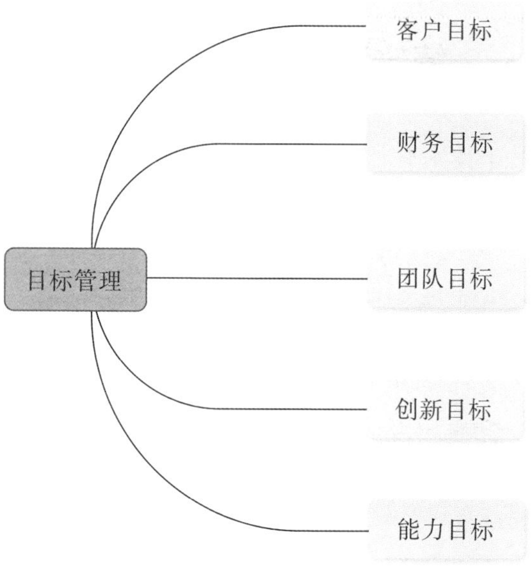

图3-2　企业管理的五大目标

（1）客户目标：包括新增客户、老客户、满意度、回头率、客户保留等。新增客户是指当月或者某一个时间段新增的客户。对于互联网企业或者线下销售企业，这个目标非常有意义，可通过这个目标来分析近一段时间销售员的获客量，或对运营推广团队进行考核。

哪一项客户目标是重点呢?

如果在餐饮企业，厨师长和店长的重点目标就是回头率；如果是互联网企业，重点考核的就是用户在网站或App上停留的时长。所以不同企业在客户目标上的考核标准也是不一样的，要根据企业最终想达到的结果进行考核。

（2）财务目标：包括销售额、利润率、毛利率、人工成本、人均效率等。企业最终要看的是其财务目标是否达成，所以财务目标是企业的一个重点考核目标，不管是销售额、利润率、毛利率还是人工成本都直接跟公司的利润相关，对销售部考核的是销售额，对管理者考核的是利润率和毛利率，对人事部门考核的是人工成本。不同的企业考核财务目标的权重不一样，初创企业对财务目标的考核权重占比达到60%以上，成熟型企业的考核权重起码也要在40%以上，具体还要根据各个部门的工作详细设置。

（3）团队目标：包括团队招聘率达成目标、关键核心人才流失目标、文化建设目标等。团队目标主要是针对企业的管理者和人力资源管理部门设置的，直接决定企业能否做大做强。很多公司考核的是员工流失率或者离职率，这种目标要慎用，因为有些员工必须流失，就像水一样，不流动的水就是死水，只有人员流动，企业才有活力。

公司要通过绩效考核把差的员工选出来培训，如果培训后还是表现不好，就必须将其淘汰。如果考核员工流失率，对企业的发展就会有影响，我们在落地实施绩效管理过程中也见过有些企业控制员工的流失占比，最终的结果是优秀员工流失了，希望流失的却没有流失，最后留在企业的都是一些比较差的员工，这种考核就得不偿失。

（4）创新目标：包括产品创新、流程创新和目标创新。很多企业把创新视作研发部门的事情。一个企业要快速发展，创新就必须跟所有部门相关，这是绩效考核的关键点。员工只要能提出改善自己工作的方式、流程，能提升工作效率就是创新。

我们为一家口腔医院做了一点小创新，让业绩增长了1倍。我们在梳理流程的时候，发现客户在医院看牙齿的时候有一个等待的过程，这个过程有十多分钟，有的客户等待的时间更久，客户在等待的时候大多在看手机。我们要从小注意保护牙齿，但很多人没有这种意识，都是等牙齿出现问题了才来医院检查。于是，我们让医院做了一点小创新，即把客户的空闲时间用起来，邀请客户到医院的会议室听一堂关于口腔保养的课程，告诉客户正确保养牙齿的方法。由于保养是要长时间坚持才有用，医院便在他们学习的时候建立了一个微信群，由医院的专业医护人员监督客户每天保养、每天打卡，客户觉得这种方式很好，也把自己的家人和朋友拉进群里，这样会让老客户觉得医院的服务态度很好，不仅能进行宣传，还能提升医院的业绩。

企业并不一定需要很大的创新，我们只要愿意细致地去做，慢慢地积累，就能形成压倒性的优势。很多企业还处在粗放式经营、粗放式管理阶段，所以需要提升的地方非常多，要把这种创新的精神以考核的方式植入员工的心里，让企业形成压倒式的优势。

（5）能力目标：包括技术能力、业务能力、员工培养等。只有公司员工的能力得到提升，企业的效率才能快速提升。员工能力的提升需要公司建立合理的晋升机制、批量复制人才的机制、科学的培训体系等。

企业可以根据自身的特点建立培养人才的流程。管理者要按流程对所有的员工进行培训指导。企业也可以针对某些技术岗位设置考题。总之，企业要根据实际的用人情况制定合理的能力目标。

二、如何设置目标

不要把目标设置得过高，但也不能设置得过低，设置低了，对于团队没有什么挑战，没办法起到激励作用；设置高了，团队人员知道怎么努力都完不成，也无法起到激励作用。因此，正确的做法就是设置阶梯式的目标，一级比一级难（图3–3）。

图3–3　阶梯式目标

1. 找到想达成的目标（表3-1至表3-3）

表3-1 某生产制造企业年度目标

	目标内容			
厂长	上光膜产量达成率	基础目标：	挑战目标：	超越目标：
	炉渣产量达成率	基础目标：	挑战目标：	超越目标：
	制造费用率	基础目标：	挑战目标：	超越目标：
	管理费用率	基础目标：	挑战目标：	超越目标：
	铜砂综合损耗率	基础目标：	挑战目标：	超越目标：
	铁砂综合损耗率	基础目标：	挑战目标：	超越目标：
	上光膜综合缴库一级率	基础目标：	挑战目标：	超越目标：
	炉渣内部不良率	基础目标：	挑战目标：	超越目标：
生产主管	制造费用率	基础目标：	挑战目标：	超越目标：
	溶剂回收率	基础目标：	挑战目标：	超越目标：
	公司蒸汽单耗	基础目标：	挑战目标：	超越目标：
	涂布机月度故障时间	基础目标：	挑战目标：	超越目标：
	重大消防安全事故	基础目标：	挑战目标：	超越目标：
	重大环保泄漏事故	基础目标：	挑战目标：	超越目标：
	工伤事故控制率	基础目标：	挑战目标：	超越目标：

（续表）

	目标内容			
研发工程师	产品毛利率	基础目标：	挑战目标：	超越目标：
	公司冲单率	基础目标：	挑战目标：	超越目标：
	炉渣内部不良率	基础目标：	挑战目标：	超越目标：
	上光膜综合缴库一级率	基础目标：	挑战目标：	超越目标：
	生产维护结案率	基础目标：	挑战目标：	超越目标：
	水性胶除渣率	基础目标：	挑战目标：	超越目标：

表3-2　某电子厂年度目标

	目标内容			
经营目标	主营业务收入	基础目标：	挑战目标：	超越目标：
	利润率/净利润	基础目标：	挑战目标：	超越目标：
	账期内回款率	基础目标：	挑战目标：	超越目标：
	人均效率	基础目标：	挑战目标：	超越目标：
	新（优质）客户开发	基础目标：	挑战目标：	超越目标：
管理目标	质量目标	基础目标：	挑战目标：	超越目标：
	交期目标	基础目标：	挑战目标：	超越目标：
	成本目标	基础目标：	挑战目标：	超越目标：

（续表）

	目标内容			
资材部	物料交期、品质	基础目标：	挑战目标：	超越目标：
	样品材料交期率	基础目标：	挑战目标：	超越目标：
	备用供应商开发	基础目标：	挑战目标：	超越目标：
	仓库数据及时、准确率	基础目标：	—	—
人事部	招聘达成率	基础目标：	挑战目标：	超越目标：
	企业文化—活动板块	基础目标：	挑战目标：	超越目标：
	培训工作—分部门	基础目标：	—	—
	人均效率	基础目标：	挑战目标：	挑战目标：
	流程建设	基础目标：	挑战目标：	超越目标：
	体系审核	基础目标：	—	—
品质部	客户投诉率	基础目标：	挑战目标：	超越目标：
	报表正确率	基础目标：	—	—
	进料检验合格率	基础目标：	—	—
	检验资料的完善	基础目标：	—	—
生产部	生产计划准确率	基础目标：	挑战目标：	超越目标：
	产品不良率	基础目标：	挑战目标：	超越目标：
	员工流失率	基础目标：	挑战目标：	超越目标：
	生产现场改善	基础目标：	—	—
	生产效率	基础目标：	挑战目标：	超越目标：
	物料损耗率	基础目标：	挑战目标：	超越目标：

（续表）

	目标内容			
业务部	业绩增长率	基础目标：	挑战目标：	超越目标：
	客户满意度	基础目标：	挑战目标：	超越目标：
	样板交期率	基础目标：	挑战目标：	超越目标：
	业务成本下降	基础目标：	—	—
	新客户增长率	基础目标：	挑战目标：	超越目标：
工程部	试产产品的成功率	基础目标：	挑战目标：	超越目标：
	体系审核通过率	基础目标：	—	—
	人才培养	基础目标：	挑战目标：	超越目标：
	出图及时、准确率	基础目标：	挑战目标：	超越目标：
财务部	税务筹划	基础目标：	挑战目标：	超越目标：
	项目预算	基础目标：	挑战目标：	超越目标：
	报表及时、准确率	基础目标：	—	—
	费用预算控制率	基础目标：	挑战目标：	超越目标：
	资料档案归档	基础目标：	—	—
	财务安全	基础目标：	挑战目标：	超越目标：
冲压／五金部	品质改善，出产效率	基础目标：	挑战目标：	超越目标：
	模具成本	基础目标：	挑战目标：	超越目标：
	打样成本	基础目标：	挑战目标：	超越目标：
	库存材料	基础目标：	挑战目标：	超越目标：
	不良率	基础目标：	挑战目标：	超越目标：
	库存现金价值	基础目标：	挑战目标：	超越目标：

表3-3　某餐饮公司年度目标

	目标内容			
店长	主营业务收入	基础目标：	挑战目标：	超越目标：
	利润率/净利润	基础目标：	挑战目标：	超越目标：
	人均效率	基础目标：	挑战目标：	超越目标：
	老客户回头率	基础目标：	挑战目标：	超越目标：
	感动服务	基础目标：	挑战目标：	超越目标：
	新客户占比	基础目标：	挑战目标：	超越目标：
	客户管理	基础目标：	挑战目标：	超越目标：
	品牌推广评分（美团）	基础目标：	挑战目标：	超越目标：
	人效	基础目标：	挑战目标：	超越目标：
厨师长	营业额	基础目标：	挑战目标：	超越目标：
	毛利率	基础目标：	挑战目标：	超越目标：
	人效	基础目标：	挑战目标：	超越目标：
	菜品创新	基础目标：	—	—
	菜品质量	基础目标：	挑战目标：	超越目标：
	厨房管理	基础目标：	—	—
	环境卫生	基础目标：	—	—
客服经理	订房数	基础目标：	挑战目标：	超越目标：
	客户满意度	基础目标：	挑战目标：	超越目标：
	感动服务	基础目标：	挑战目标：	超越目标：
	团队配合度	基础目标：	—	—
	店面形象管理	基础目标：	—	—
	制度执行	基础目标：	—	—

目标设置好后绝对不仅仅是一张表，还要借助工具分拆给员工，形成绩效考核的数据，这样员工才会重视。

2. 设置目标的时间框架（表3-4）

表3-4 目标的时间框架

<table>
<tr><td>年</td><td colspan="2">年度开始前 1 个月</td><td>制定公司年度战略目标</td></tr>
<tr><td rowspan="9">季</td><td>季度开始前2周</td><td>制定团队季度目标</td><td rowspan="9">定期跟踪检讨
年度战略目标</td></tr>
<tr><td>季度开始前1周</td><td>制定员工季度目标</td></tr>
<tr><td>季度第1周</td><td>目标共识会</td></tr>
<tr><td>季度第2周</td><td>更新发布目标</td></tr>
<tr><td>每周</td><td>周会</td></tr>
<tr><td>每日</td><td>站会</td></tr>
<tr><td>每月</td><td>月例会</td></tr>
<tr><td>季度末</td><td>目标评分</td></tr>
<tr><td>季度末</td><td>目标复盘会</td></tr>
<tr><td>月</td><td colspan="2">年度最后一个月</td><td>公司年度战略目标复盘</td></tr>
</table>

第四章 排兵布阵：明确责、权、利

管理中有句俗语叫“兵熊熊一个，将熊熊一窝”，一只狼领导的一群羊能打败一只羊领导的一群狼，经营企业也是一样，要把人才放在合适的岗位上。招错一名员工需要付出其工资1.5倍以上的代价，而用错一名领导有可能导致全军覆没。我们服务过很多中小企业，发现有些企业的组织架构是有问题的：管理者越权安排工作，责、权、利不明确；组织结构臃肿，一件小事需要几个部门审批，效率低下；没有把合适的人安排到合适的位置上，有能力的人其能力没有得到发挥，能力不行的尸位素餐。

一、组织结构设计不合理的后果

1. 组织结构形同虚设

缺乏科学决策、良性运行机制和执行力，导致企业经营失败，难以实现公司目标。

2.内部机构设计不科学

权限分配不合理，导致机构重叠、臃肿，职能交叉或缺失，员工推诿扯皮，运行效率低下。

3.关键人才进不来

晋升通道设置不合理，晋升涨薪的道路受阻。

比如一家企业以产品质量为中心，产品最后由品质部把关，因此品质部由哪个部门管理就很重要。

如图4-1所示，品质部是由生产部（经理）管理，如果生产部（经理）的绩效考核设置不合理，那么公司的产品质量就会出现问题。这种架构从表面上看，总经理只管三个部门，工作轻松，但实际上公司在用人上都会出现问题，很多企业的组织架构都是这种类型，公司重视事，不重视人，人事部就是一个摆设。所以在绩效考核之前如果公司的组织架构设置得不好，考核结果一定会大打折扣。

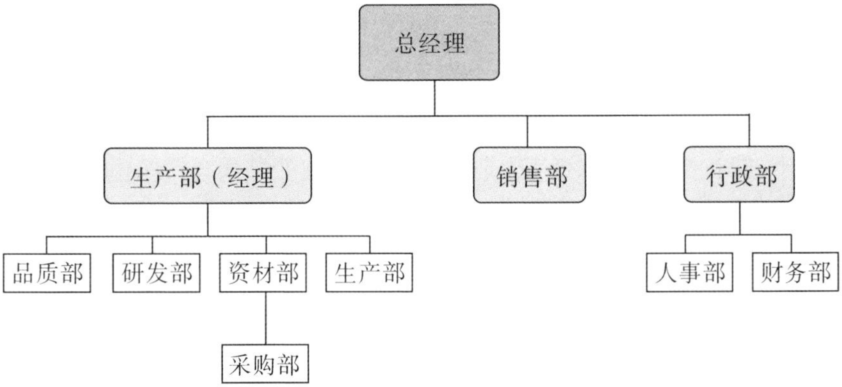

图4-1 某企业组织架构图

我们在线下落地实施绩效管理过程中，把业务流程梳理清楚之后，就要对公司的组织架构进行优化，把合适的人安排在合适的岗位上，才能发挥绩效考核的功效。很多企业推行绩效管理受阻，这跟企业的部门领导者有关，如部门领导者的执行力弱，不愿意承担责任等，所以在推行绩效管理之前除了优化组织架构，还要统一思想、统一目标，让管理者知道绩效管理的重要性，如果管理者连绩效管理这件事都不能推进，不能很好地执行，企业就要考虑对管理者进行培训或转岗了。

二、好的组织架构

（1）企业经营流程全打通，形成经营的闭环；决策迅速，责、权、利明确。

（2）管理层级较少，组织精简。

（3）沟通顺畅，能快速满足市场和客户的需求。

（4）隶属关系明确，相互支持，相互监督，相互制衡。

（5）管理轻松，效率最大化。

三、组织架构常用的五种类型

1. 直线型组织架构（金字塔型）

在直线型组织架构（图4-2）中，企业的管理者直接控制若干下属或部门，并由其下属执行一系列工作任务和工作目标。直线型组织架构弹性较小并缺乏专业的分工，主要依赖个人能力，通常应用于小型企业，是多数中小企业的标准组织架构模式。

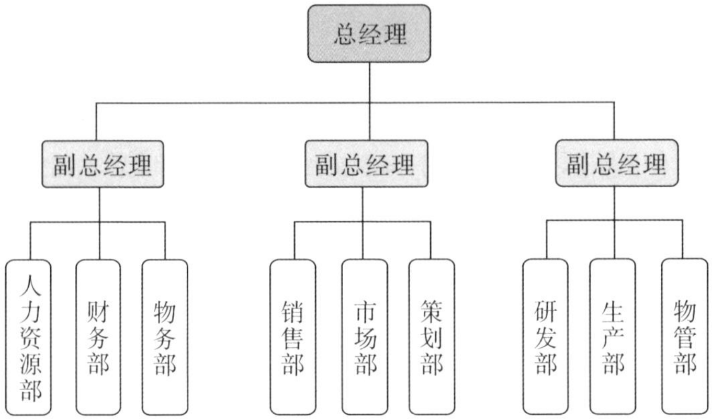

图4-2　直线型组织架构

2. 辐射型组织架构

辐射型组织架构（图4-3）的特点是组织的管理幅度较大，管理层次较少。

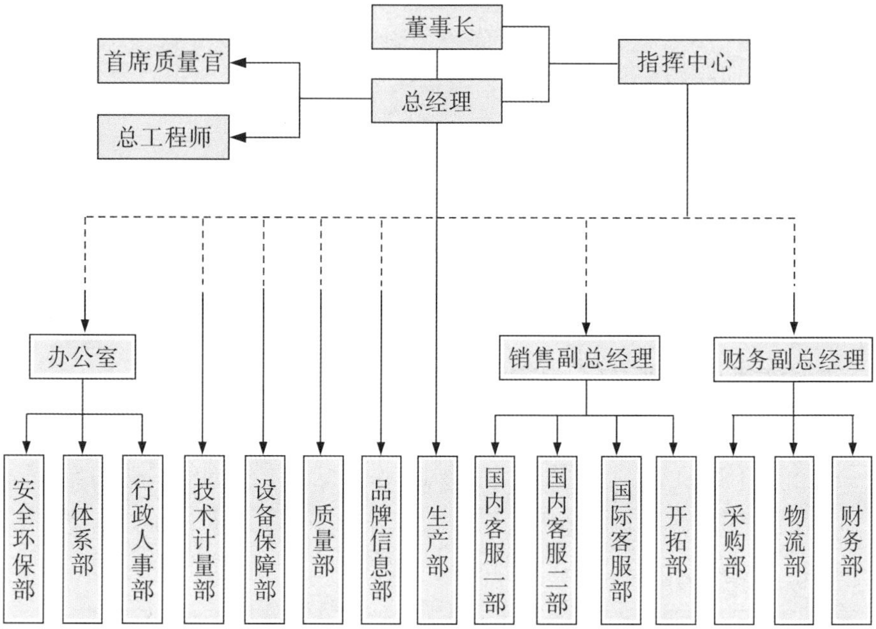

图4-3　辐射型组织架构

主要优点：

（1）有利于缩短上下级距离，密切上下级关系，信息纵向流通快，管理费用低。管理幅度较大，被管理者有较大的自主性、积极性和满足感。

（2）信息传递速度快、失真少。

（3）便于高层领导了解基层情况。

（4）主管人员与下属能够结合成较大的集体，有利于解决较复杂的问题。

（5）主管人员工作负担重，因而乐于让下级拥有更充分的职权。

主要缺点：

（1）管理幅度较宽，权力容易分散，不易实施严密的控制，加重了协调下属组织及人员的负担。

（2）主管人员的管理幅度大，负荷重，精力容易分散，难以对下级进行深入、具体的管理。

（3）对主管人员的素质要求高。当缺乏高素质的主管时，只得配备副职从旁协作。这样一来，正副职之间的职责不易划清，还可能产生种种不协调的问题。

（4）主管人员与下属结合成较大的集体，随着集体规模的扩大，协调起来就会变得更加困难。

3. 项目型组织架构

项目型组织架构（图4–4）适合市场变化较大的企业，需要相当大的灵活性来做出迅速的反应。

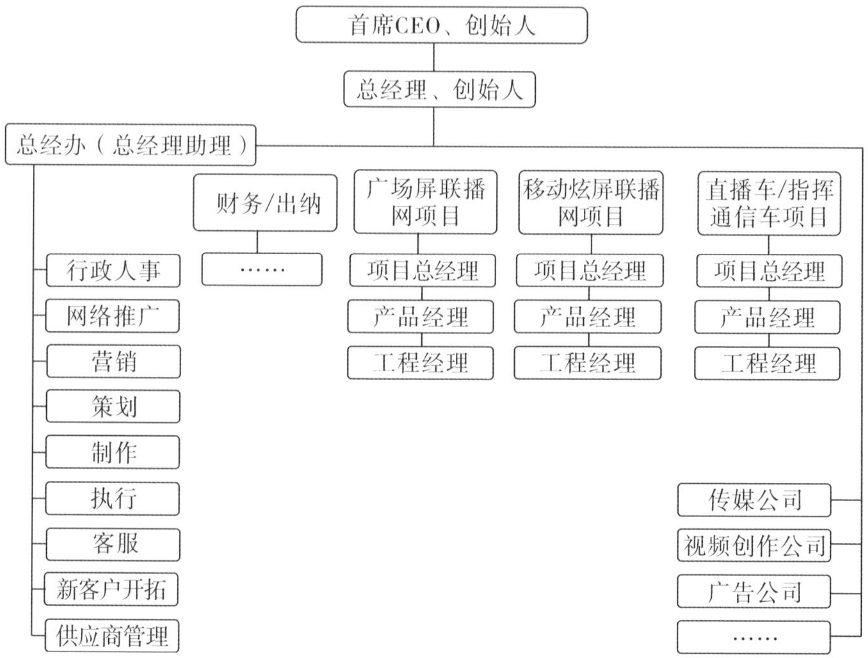

图4–4　项目型组织架构

主要优点：

（1）项目经理可以对项目全权负责，可以根据项目需要调动项目的内部资源或者外部资源。

（2）项目型组织架构的目标单一，完全以项目为中心，能加快决策的速度，能够对客户的要求做出及时响应，项目组团队精神得以充分发挥，有利于项目的顺利完成。

（3）项目经理拥有全部权利，项目成员只对项目经理负责，避免了职能型项目组织下项目成员处于多重领导的局面，项目经理是该项目真正、唯一的领导者。

（4）组织结构简单，易于操作。项目成员直接属于同一部门，彼此之间的沟通和交流较为快速、通畅，从而提高了沟通效率，同时加快了决策速度。

主要缺点：

（1）资源不能共享，即使某个项目的专用资源闲置，也无法应用于另外一个同时进行的类似项目，人员、设施、设备重复配置会造成一定程度的资源浪费。

（2）公司里各个独立的项目型组织处于相对封闭的环境之中，公司的宏观政策、方针很难得到完全、真正的贯彻实施，可能会影响公司的长远发展。

（3）在项目完成以后，项目型组织架构中的项目成员会被派到另一个项目中去，或者被解雇，对于项目成员来说，缺乏一种事业上的连续性和安全感。

（4）项目之间处于一种条块分割状态，项目之间缺乏信息交流，不同的项目组很难共享知识和经验，项目成员的工作会出现忙闲不均的现象。

4.“平台+合伙人”组织架构

“平台+合伙人”组织架构对合伙人能力有一定的要求，适合销售型公司、培训公司、互联网公司，具体的设计见图4-5。销售团队A事业部是由公司和销售团队A事业部负责人共同出资组建的，公司出资70%，销售团队A事业部负责人出资30%，事业部可以由多名员工组成且共同出资，也可以是一个人出资，公司以产品的出厂价供货给销售团队A事业部，保证销售团队A事业部利益。

怎么分钱？

投入成本收回之前，按投入比例分配，一旦收回成本，分配方式立即改变——销售团队占50%，公司占30%，团队成员占10%，团队人才贡献占10%，这时合伙人变成老板。

公司表面上赚到的钱少了，但团队可以快速裂变。如果你对这种模式感兴趣，可以和我们一起探讨。

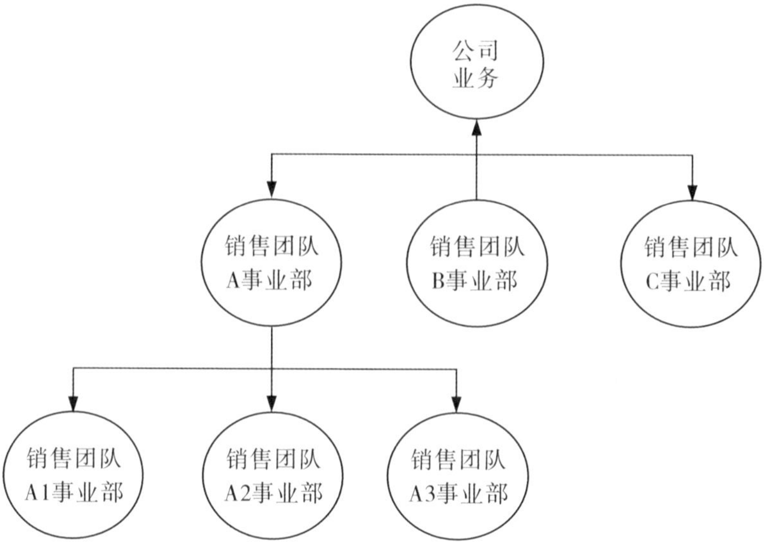

图4-5 “平台+合伙人”组织架构

5. 自运行组织架构

自运行组织架构有点类似于中国式阿米巴组织架构，但阿米巴组织架构比较复杂。自运行组织架构比较简单，即流程简单，不需要太多的管理。麦当劳的组织架构就是自运行组织架构，当下很多企业把业务进行拆分，分成一个个板块，让合伙人共同出资，一起创业，让合伙人管理，但这个不是真正的自运行。自运行的前提是标准化、流程化，我们在落地实施绩效管理过程中设计了大量的自运行组织架构，都是在二级合伙人制的基础上进行设置的，收到了非常好的效果。

自运行组织架构的搭建关系股权分配、商业模式等因素，我们在线下课程也会深入讲解自运行组织架构，欢迎读者朋友走进线下课堂和我们一起探讨。

第五章 | 企业文化如何落地

一、企业文化的底层逻辑

企业文化是企业的无形资产，每一位企业家都特别重视，都希望自己公司的文化很好，员工的凝聚力、执行力很强，可是企业文化又是最难打造的。企业文化需要用时间累积，需要正确的企业文化执行流程，好的企业文化能让公司所有人形成一种默契，朝着同一个目标、同一个方向努力奋斗。

越来越多的企业开始重视企业文化建设，开始提炼属于自己企业的三大核心价值观或六大核心价值观，会把价值观写出来，并且赋予一个非常明确的定义。但还有很多企业家不知道什么是企业文化，也不知道如何建设好的企业文化。有些企业组织员工出去旅游一次，把拍到的照片贴在墙上，便认为这是企业文化；还有的企业把公司简介、发展历程、老板简介印在宣传栏上，认为这是企业文化。有一位老板跟我说他们的企业文化很好，他们每个月开展一次读书会，每个月还开展几次其他的活动，比如拔河比赛、唱歌比赛、员工生日会等。这些确实是企业文化，但只是企业文化中的一小部分。

多数企业在落地企业文化的时候存在很多的问题，价值观并没有真正地落地，没有真正地形成企业文化。价值观被写在墙上、画册上和各种广告上，有宣传，但没有被员工接受和认可。从管理者和员工身上看到的、做出来的价值观跟企业提倡的不一样，员工也没有全力以赴。什么样的文化才能把全体员工凝聚在一起，让他们能够全力以赴地为公司的目标服务呢？

怎么落地企业文化呢？

我们先要搞清楚**企业文化的底层逻辑**，企业文化跟人有关，跟人的心智模式有关。比如：怕上火或吃火锅时，你会想到王老吉；当你被问到中国最好的酒是什么酒时，你会想到茅台；当你被问到中国最好的大学是哪一所时，你会想到清华大学或北京大学。当你说出一个产品或者一所大学的时候，人们立即就能想到是什么品牌的产品，是什么大学，这就代表品牌占领了消费者的心智模式。

比如上车就要系好安全带，红灯必须停车，插队是不礼貌的等都是心智模式，人的命运是要靠自己来争取的是一种心智模式，还有人认为人的命运是由上天安排好的，这又是一种心智模式。什么是心智模式呢？

一个人的六根（眼、耳、鼻、舌、身、意）所感觉到的，会在他的脑海里形成一种信念系统，最后形成一种主观的结论（这事件是好的还是坏的，美的还是丑的，快乐的还是郁闷的，优的还是劣的），这种就是人的心智模式，也就是人的信念系统，每个人的信念系统是怎么形成的呢？主要有以下三个方面。

1. 受最信任的人的影响

一个人最信任的人是谁呢？一般来说是父母，父母的言传身教直接影响人的信念系统，另外，老师、爷爷、奶奶、外公、外婆等都会影响人的信念系统。

2. 自己亲身的经历

每个人的一生中都会经历很多的事情，这些事情的结果会影响他的信念系统，比如他每次都很努力地学习，看到自己的成绩一步一步得到提升，最后考上了一所理想的学校。在工作中他也很努力、主动，积极承担责任，最后一步一步成为老板，他的心里就会形成一个信念系统，一个人只要努力、积极，勇于承担责任就能够获得成功。

3. 通过观察别人形成的

比如，看到最好朋友的婚姻是如何成功的，如何失败的，他就会受之影响；他最好的朋友开公司赚钱买车买房了，他就会相信开公司会赚钱。通过看书、听故事、接受培训、看电视剧、看新闻、看广告等得到的信息都会影响他的信念系统。

一个组织的信念系统是怎么形成的呢?

一个组织的信念系统会受到组织创始人的信念系统的影响。企业文化就是老板的文化，跟创始人当初创建这家企业的初心有关。如果企业的创始人是从部队退伍回来的，那么这家企业的纪律肯定不错，纪律同样是一个人的信念系统。因为创始人有这样的信念，所以组织就会形成这样的信念。

团队成员共同的经历也会影响企业的信念系统，比如团队需要做一个项目，大家通过团队协作、相互帮助、共同创新，最终获得一个好的结果。所有项目取得好的结果都是靠同样的方法，就会形成一个团队的信念系统，即公司想要成功就要靠团队紧密合作、相互帮助、共同创新。

另外，举一个团队取得成功以后的案例。2012年，我曾和朋友一起在湖南建了一所希望小学。当时身边的团队告诉我们100天可以建一所希望小学，这是他们的亲身经历。我们相信了他们，并且去干了。我们每周五下班后从东莞开车到湖南，到湖南时已经是凌晨三四点了，开了七八个小时，天气很冷，没地方睡，就睡在当地的一个庙里。第二天早上一大早起床开始搬砖和号召当地村民为希望小学捐款，周日晚上再开车回东莞，周一还要上班。我们按照这样的模式工作了80多天，就建成了当地最好的一所希望小学，而且在这80多天中还有很多天是下雪天，不能完全工作，如果没有团队告诉我们这件事，我们肯定做不到。

文化到底是什么?

文化就是每个人不需要思考就会表现出来的**思维模式和行为模式**，对于企业来说就是**做事情的原则和标准（核心价值观）**渗透到做人做事的任何地方，并且形成一种默契。

二、企业文化的构建

企业文化的构建就是企业顶层战略的构建，顶层战略包含使命、愿景和价值观。

1. 什么是使命

所谓使命，就是当初创始人创建这家企业的初心——能够为社会带来什么样的价值，能够帮助人们解决什么样的问题。很多企业家会说，我们创建企业的目的只有一个，就是赚钱。正所谓“君子爱财，取之有道”，赚钱的方式有很多种。有的企业做大且赚钱了，最后老板却坐牢了；有的企业做大且赚钱了，最后老板却跑国外去了；有的企业在规模小的时候做得不错，做大了之后就倒闭了。这些都是因为企业的使命和做企业的初心出了问题。使命可以理解成企业的方向、指南针，能让企业家不迷路，知道方向在哪里。

使命设置最重要的4点：

（1）能不能为社会创造价值；

（2）企业所做的事情是不是利他的；

（3）企业家特别喜欢和热爱这份事业；

（4）这份事业要特别大，永远完不成。

2. 什么是愿景

愿景等于中长期目标。管人管心，就是要统一思想。统一思想比较困难，统一目标就比较容易，很多人都看过电视剧《水浒传》，剧中梁山好汉就是因为在水泊梁山竖起了一面写有“替天行道”的大旗，吸引了众多好汉上梁山。108个好汉聚在一起有目标吗？如果有的话，就一定是跟替天行道相关的目标。领头人宋江的目标是什么呢？带领众兄弟招安，为众兄弟找一个好的归属，其他人不认可这个目标，反对招安，宋江一意孤行，导致梁山团队“创业”失败。失败的原因就是愿景没有统一。所以企业的愿景不是老板拍脑袋想出来的，而是和核心团队、核心高管共创的，且要得到高管和团队的认可。

愿景是企业的中长期目标，是可以完成的。对于企业来说，愿景非常重要。就像学生读书一样，小学升初中是一个愿景，初中升高中是一个愿景，高中考大学又是一个愿景，企业没有愿景就像没有初中考高中，高中考大学一样，没有努力奋斗的意愿。所以愿景可以设置为两个：一个中期的愿景，一个长期的愿景。

比如我的公司是做管理、做软件的，第一个目标是“让企业少走弯路”，第二个目标是“是管理者就要用功道云”，第三个目标是“活82年”。有了这三个目标之后，下一步就是把目标拆分成阶段性小目标，让全公司都朝着目标努力。

3. 怎么构建核心价值观

当企业有了使命和愿景之后，就需要和志同道合、有共同价值观的人一起来完成。价值观需要很长时间才能形成，企业要适应当下快速变化的环境。我认为“约法三章”这个词很适合，员工到公司来上班就要遵守公司的核心价值观和捍卫公司的价值观，如果员工不遵守公司的核心价值观怎么办？按公司规章制度处理即可。

怎么设置价值观？价值观是围绕愿景来设置的。想实现愿景，达成公司中长期目标，就必须找到哪些内容是公司倡导的，哪些是公司反对的，词语越简单越好。价值观是在某一个特定时期出现的，当目标达成之后，愿景可能就会改变。我们最熟悉的价值观莫过于人民军队建设“三大纪律八项注意”，文字简单，不需要思考，一看就明白，一听就懂，落地执行简单。

三大纪律：

（1）一切行动听指挥；

（2）不拿群众一针一线；

（3）一切缴获要归公。

八项注意：

（1）说话和气；

（2）买卖公平；

（3）借东西要还；

（4）损坏东西要赔；

（5）不打人骂人；

（6）不损坏庄稼；

（7）不调戏妇女；

（8）不虐待俘虏。

“三大纪律八项注意”值得中小企业借鉴。可从中提炼最简单的语言作为中小企业的核心价值观，举个例子：

（1）当日事当日毕；

（2）不拿客户一针一线；

（3）以结果为导向；

（4）节约成本并达到双赢。

核心价值观就是企业的纪律，最后形成企业的行为习惯。构建核心价值观时要避免设计一堆晦涩难懂的词，否则员工都不懂其中的意思，每一条都要跟员工去解释，落实起来也很困难。中小企业最核心的纪律有两条：一条是质量，一条是服务。

很多中小企业在学习佛教的价值观，学习稻盛和夫的“六项精进”。学习时员工的心态会有一些改变，积极性也会有所提高，但就是不能持续提高，原因是什么？**没有考核**。核心价值观必须能被量化考核，很多企业老板都认为企业文化是虚的，标准很难定，考核起来更难，认为赚钱更重要，便把企业文化建设搁置了。结果，企业出现了一堆管理问题，最终累的还是老板。

公司哪怕只有几个人，一样需要有纪律，只是在不同阶段轻重缓急不一样。不管是大企业还是小企业，都必须有其企业文化，有其行为准则。企业一定要把员工的好行为变成习惯，用制度建立健康的企业文化，用制度培养员工的好习惯，用制度约束员工的坏习惯，让所有人都能形成一种默契。

4. 中小企业如何提炼自己的企业文化

带领核心团队一起来讨论对外做人的底线是什么；对内做事的游戏规则是什么；哪些是公司提倡的，哪些是公司反对的。确定了这些之后就要制定考核指标和打分标准，就要制定制度和执行方案，让员工慢慢地落实大家讨论的内容，形成一种习惯。

中小企业的企业文化是可以不断升级、调整的，所以刚开始推行企业文化的时候不必要求完美，在企业发展中沉淀属于自己的文化。如果你的企业人数超过100人，就需要先建立标准，然后执行。几乎所有的企业文化都必须建立在以客户为中心、以奋斗者为荣的基础之上，所以企业文化的第一个标准就是“感动客户”或者“成就客户”，有的公司认为“客户第一”，实际上就是服务好客户，让客户满意，得到客户的认可。

服务好客户的标准怎么建立呢？评价方法有很多，可以用等级通关制，也可以具体量化，我们建议基层员工用积分制量化考核，高层管理者用等级通关制量化考核，见表5-1。

表5-1 高层管理者等级通关制量化表

等级	分数	标准
优	50	客户愿意为公司转介绍客户；在技术上有新突破
良	30	得到客户的书面表扬；客户在众多竞争对手中选择自己
合格	10	产品顺利通过验收
不合格	0	产品未通过客户的验收；服务遭到投诉

科技日新月异，变化非常快，企业遇到前所未有的挑战，这要求企业全体员工要有创新能力、团队合作意识，通过团队合作能够达成某一个阶段性的目标。那么，团队合作的标准如何制定？具体见表5-2。

表5-2　团队合作阶段目标等级制量化表

等级	分数	标准
优	50	胜则举杯相庆；败则拼死相救
良	30	共享共担；平凡人做非凡事
合格	10	积极融入团队；主动分享业务知识和经验；配合团队完成工作
不合格	0	不能积极融入团队；导致项目延误，目标未完成

一家企业能否成功取决于员工是否忘我地奉献，员工忘我地奉献来源于员工坚定的信念，而信念首先来自他的理解和认可，企业文化是获得员工理解和认可的利器。那么，企业文化的标准如何制定？具体见表5-3。

表5-3　企业文化等级制量化表

等级	分数	标准
优	50	忘我奉献；不畏艰难险阻
良	30	听从组织安排；不断克服各种困难与挫折
合格	10	当日事当日毕；上班时间只做工作有关的事
不合格	0	绩效考核不达标

5. 企业文化的考核与落地

企业文化落地的关键就是价值观落地，很多企业在落地企业文化的时候或多或少会遇到一些问题，没有去做一些落地的动作或者落地动作有些杂乱，想一出、做一出，没有系统地打造公司的企业文化，也没有跟公司的制度和分配机制相匹配，让员工感觉企业文化是虚的，继而创始人也觉得企业文化是虚的，没办法落地。

价值观落地的三个层次：核心层、制度执行层和行为引导层（图5–1）。

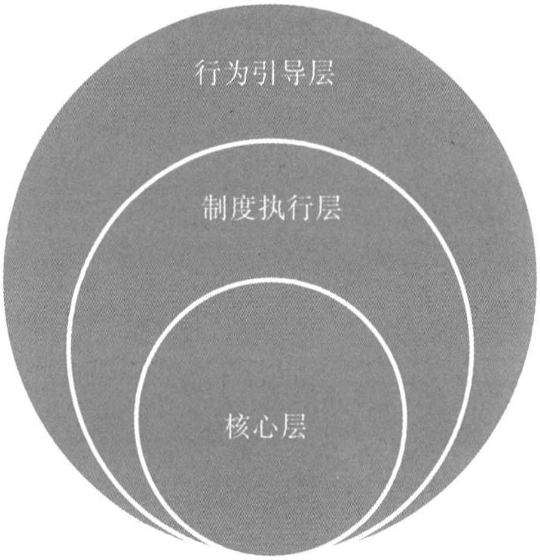

图5–1　价值观落地的三个层次

行为引导层方面很多企业都做得不错，比如把价值观写在墙上，印在员工工牌、工作服上，印在公司宣传册上，印在发给员工的笔记本的第一页，还有一些印在公司的吉祥物上，每年开展一些文化活动。这些看得到、摸得着、听得见的东西就是行为引导层，随时随地都能见到，影响员工的心智模式。“思想这个阵地，你不占领，别人就会占领。”宣传价值观，不要让员工觉得是在喊口号，而是要通过故事、图片或者俗语等形式传播，员工更容易接受，更容易记住。

另外，公司要发自内心地去关心员工，暖化员工的心，让员工感受到这份温暖，这里需要做的事情就非常多。关心员工其实也可以形成一个流程，比如了解员工家庭情况、给员工家人写信、给员工过生日、开展公司特色活动等，每个企业做事的方式不一样，但都离不开“**用心**”。这种“用心”最好形成一个标准，以便传承。

制度执行层是通过考核核心价值观让企业文化真正落地，制度是实的，而文化是虚的，虚的东西只有通过制度考核才能落地。很多公司的价值观仅仅是拿来提倡的，拿来做一些活动的，根本不对价值观做考核，很多人自然是不会去遵守的。

考核价值观可以使用通关制，比如“服务好客户”这条核心价值观可以参考表5-1来量化。

按照“服务好客户”这条价值观标准，员工的工作要达到合格的标准后，才有资格继续将等级提升到“良”，达到“良”的标准后，才有资格提升到“优”。如果做出来的产品不能通过客户的验收，也就得不到客户的表扬。

有人问：“我有很多客户，评价不同，应该怎么衡量标准？”例如，某个客户愿意转介绍客户，按价值观的标准，他是符合了“优”的等级，但他的其中一个客户没有验收通过公司的产品，这时我们就要思考，公司倡导的价值观是什么，公司如果倡导的是把每一个客户服务好，那么即便只有一个客户没有验收通过公司的产品，他在这种情况下，考核等级也是不合格的。

谁来做价值观的考核者，打分会不会很复杂呢?

由HR推动，上级领导直接打分，如果员工对上级领导打分有异议的，可以向上级领导申诉，上级领导打分的时候通过工具审核，到了价值观评价的时候，员工通过软件提交核心价值观是良或优的案例或者图片作为证据，管理者进行审批就可以了。管理者需要打的是基础分，以确定有没有不合格的情况，因为合格是最低要求。

我们建议对价值观的考核不要太频繁，前期可以一个月考核一次，在员工慢慢形成习惯后再进行季度考核，最后变为半年度考核，考核得出的结果要与员工的绩效或者年终奖、分红等挂钩，相关度越高，员工就越重视公司的企业文化。

核心层就是创始人或者是核心团队层。创始人需要起到带头的作用，带领团队一起践行企业文化，如果企业创始人都不遵守企业文化，企业文化就很难推行下去。从企业的创始人到高管都是企业的核心层，对于一个新员工来讲，他最信任的人往往就是他的直接主管，而直接主管信任他的直接主管，所以核心层非常重要。

有些公司基层员工特别多，比如生产制造型企业、酒店等，这类公司的工作比较单一，工作没有什么难度，对这类公司的基层员工建议使用积分制的方式进行考核，比如：

①当月无缺勤情况，奖100分/人。

②当天小组效率或产量的前三名，分别加30分/人、20分/人、10分/人。

③当天小组质量合格的，加10分/人。

④为公司节约成本的，加10～1000分/人。

⑤能及时发现产品中存在的瑕疵的，加10分/次。

⑥对本岗位上的工作提出合理、创新的建议，且建议被采纳的，奖励20分/个。

⑦上班前三名到的，下班最后三名离开的，分别加5分。

当然这些规则要根据公司的实际情况来制定，员工的积分与其提成等级及福利待遇挂钩，有关积分制的用法可以参照我写的《倍增管理1+1+1模式——让你的业绩快速增长3位以上》。

你的公司的企业文化落地情况怎么样？

浅谈企业文化对你的公司的影响。

____

____

____

____

____

第六章 | 薪酬设计

一、什么是好的薪酬体系

用一句简单的话来说，能够激励员工持续地为企业创造价值的薪酬体系就是好的薪酬体系，薪酬体系应该具备以下特点，见图6-1。

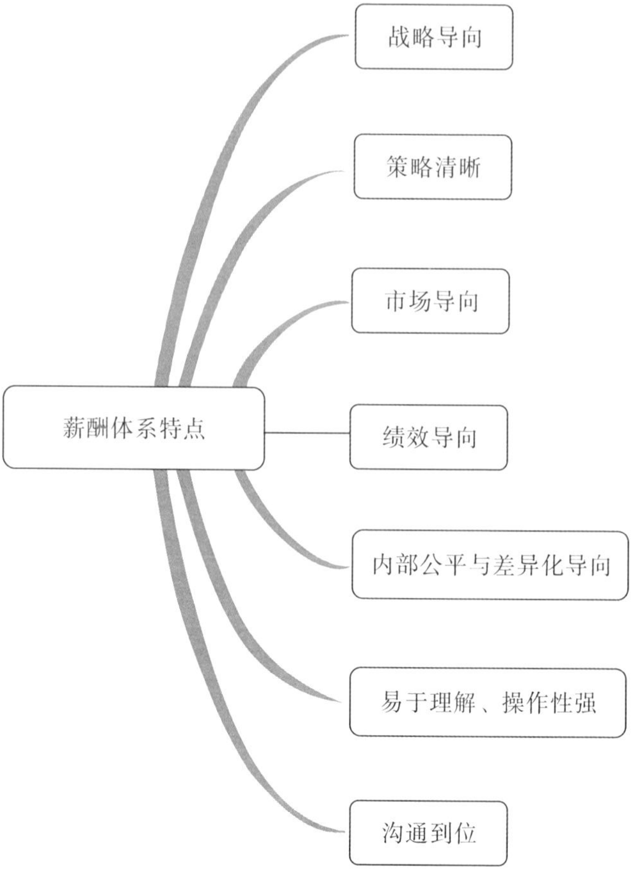

图6-1　薪酬体系的特点

1. 战略导向

薪酬体系能够有效地支撑公司战略及业务发展，与人才战略相匹配，以结果为导向。这个结果指的是公司战略。

2. 策略清晰

承接战略导向，能够清晰地表达公司的价值导向。薪酬体系中的各个薪酬项目的设置具有明确的管理目的。

3. 市场导向

薪酬体系不仅能体现公司内部的价值导向及管理策略，而且能够与外部市场对应。与外部市场对应，强调的并不是与薪酬水平对应，而是与薪酬机制对应，符合所属行业的特点，与市场薪酬级别有明确的对应关系，具有市场化、差异化的特点。

4. 绩效导向

激励与约束并行，能够奖励高绩效表现，鼓励高绩效行为，具有浮动性、激励性。

5. 内部公平与差异化导向

能形成有效的差异化分配机制，能够充分体现不同岗位、不同角色、不同胜任力、不同绩效表现的任职者在公司的价值。

6. 易于理解、操作性强

在保证薪酬激励诉求的前提下，能让激励对象易于理解、沟通，便于薪酬管理人员的日常管理，操作性强。

7. 沟通到位

公司管理人员注重薪酬沟通，确保沟通及时，员工对公司薪酬制度有相对充分、正确的理解。

很多企业的薪酬体系设计都不合理，员工干多干少一个样，干好干坏一个样，产生吃“大锅饭”的弊病。企业在设计薪酬绩效时，要明确一个观点：努力工作>绩效>价值创造。部分企业虽然实施了绩效考核，但绩效工资跟绩效结果不挂钩，即干好没什么好处，干不好没什么坏处，绩效考核形同虚设，而造成这个结果的原因是没有建立评估体系，考核指标不合理。

实施绩效考核的目的是激励员工创造业绩，提升企业效益。薪酬是根据员工在担任该职务时所创造出来的工作成绩和贡献价值评定出来的，通过相应报酬形式来反映。因此，薪酬必须与员工的工作成绩、贡献程度挂钩，要与公司发展的短、中、长期收益有效地结合，并且要配套合理的评价体系。合理的评价体系是本书的重点，在后面的章节会详细介绍。

二、薪酬激励：短、中、长期薪酬激励设计

设计短、中、长期薪酬激励是为了留住人才，让人才能安心、持续地为企业创造价值。设计薪酬体系是一个非常复杂的过程，需要针对不同的行业、不同的发展阶段以及不同的岗位性质，根据每个岗位的核心价值和岗位目标设定，主要包括三大类：固定工资、浮动工资、福利待遇、分红工资（表6-1）。

表6-1　短、中、长期薪酬激励标准

类别	周期	激励项目	激励说明	特点范围与人群	激励模式	特别说明
S1	短期	基本工资	底薪，基本工资，交通、电话补贴等	全员	保险工资	当地最低标准
S2		绩效工资	提成、计件、绩效、产值或打包产值	相关执行人员	KPI	多劳多得
S3		福利待遇	津贴、晋升、培训等相关福利	工作职责、文化激励相关福利	全员激励系统	激励行为和过程
S4		团队提成	团队提成、产量、产值等	团队管理者	逐级阶梯提成	团队目标达成后的激励
S5			排名奖	个人产量、业绩等排名		
S6		产值工资	体现结果、增值导向的价值分配	经营结果变动收入	SRG	为自己干

（续表）

<table>
<tr><th>类别</th><th>周期</th><th>激励项目</th><th>激励说明</th><th>特点范围与人群</th><th>激励模式</th><th>特别说明</th></tr>
<tr><td>S7</td><td rowspan="3">中期</td><td>项目分红</td><td>内部项目或独立单元的增量价值分配</td><td>项目完成直接价值贡献者</td><td rowspan="3">TUP股权激励（合伙人）</td><td>分钱不分股</td></tr>
<tr><td>S8</td><td>管理分红</td><td>经营目标达成的成果进行分配</td><td>主要经营者的收益</td><td>责、权、利统一</td></tr>
<tr><td>S9</td><td>公司分红</td><td>公司当年经营成果的增值、增量分配</td><td>团队管理者、核心人才收益</td><td>分利不分股</td></tr>
<tr><td>S10</td><td rowspan="3">长期</td><td>股份分红</td><td>授予员工TUP资格，或员工认购实股、分红股</td><td>关键人才收益</td><td rowspan="2">ESOP（持股平台）</td><td rowspan="2">员工享有分红权与增值权</td></tr>
<tr><td>S11</td><td>股权分红</td><td>法定股权收益</td><td>投资者、经营者、高级贡献者</td></tr>
<tr><td>S12</td><td>ATUP分红</td><td>外部资源增值分红</td><td>获取外部资源、整合上下游</td><td>ATUP合伙人</td><td>共创共赢外部资源</td></tr>
</table>

（一）固定工资

1. 基本工资

基本工资是对员工基本收入和基本生活水平的保障，该标准参照当地统计局发布的最低工资标准。每个地区的最低工资标准是不同的。很多企业员工的实际工资远高于基本工资，拆分基本工资的目的是保障公司相关利益。

2. 职务工资

职务工资也叫岗位工资，是根据员工职务的高低、责任的大小来确定的工资。

3. 技术工资

技术工资是按照员工的技能、技术等级来确定的工资，分设档次。

4. 保密工资

保密工资是公司为了保护企业的商业秘密、权益而设的工资，除与员工签订保密协议外，在员工薪酬结构中设定保密工资，让员工更明确地知道其需承担的责任。如财务岗、技术岗、高层管理岗都需要设置保密工资。

5. 交通补贴

交通补贴是公司为一些需长期在外面跑业务的员工提供的一种补贴，与差旅费、油费等性质一样，可以根据实报实销或公司设定的补贴制度标准而定。

6. 电话费用

电话费用是公司给为客户服务、客户开发性质的岗位（如客服、销售类岗位）设置的费用，也是企业对员工进行补贴的一种方式。

（二）浮动工资

浮动工资是公司为了激励员工更好地完成工作目标，不断地激励员工为公司创造价值而设定的工资，在短、中期内在薪酬中有所体现，员工看得见、摸得着。

浮动工资的特点：

（1）兑现周期短，按月或按季度兑现。

（2）与具体指标挂钩。

（3）有具体标准和计算方法。

（4）主要由员工工作结果决定。

浮动工资包括以下几大类：

1. 绩效工资

绩效工资又叫计件工资、计时工资，与员工的岗位工作成绩、劳动成果挂钩，具体根据岗位的绩效激励方式评估决定。不同岗位的绩效工资占比有所不同，如：

高层基本工资为40%，绩效20%，目标达成占比40%以上。

中层基本工资为50%，绩效30%，目标达成占比20%以上。

专技基本工资为60%，绩效25%，目标达成占比15%以上。

2. 提成

提成是与公司效益直接相关的工资，是公司与员工之间的分成，如销售额、项目创收、回款额，价值创造得越多，提成就越高。大多数企业的销售人员都采取提成工资制，在后面的案例中会详细地介绍关于销售员的薪酬设计。

3. 创富工资

创富工资是企业为了激励员工在工作上具有主动性和创造性，对员工创新成果的一种奖励，一般多用于技术研发岗位、管理岗位，也可以用到开拓公司的新项目上，比如员工发现某个项目能为公司创造更多的价值，公司一旦引入该项目，就会留出一部分的收益奖励给该项目的开拓者。

4. 加班工资

员工在标准工作时间以外加班，延长工作时间，增加了额外的工作量，公司额外支付的工资，可具体分为平时加班工资、周日加班工资和法定节假日加班工资。而时间长短并不等于结果好坏，因此企业要把员工的加班时间转化成目标，这样员工就不会为了加班而加班。

5. 营销奖

营销奖是公司为了赋能员工，创造营销价值，实现全员营销而设立的一种奖励，旨在鼓励更多的人为公司转介绍客户，为公司带来更多的价值。

6. 名次奖

名次奖是企业为了营造良好的竞争环境，表彰贡献突出和模范带头的员工，以提升士气的一种奖励。名次奖需根据企业在不同阶段的激励导向而定，如优秀员工奖、积分名次奖、优秀管理者奖、安全生产奖等。

（三）福利待遇

福利待遇是企业为了留住人才、稳住军心而采用的一种薪酬以外的劳动保障，让企业与员工之间达到平衡关系，在降低企业成本的前提下，提升公司效益，激励员工。

1. 社会保险

员工参加社会保险的缴费基数，按当地的人力资源和社会保障局有关规定进行申报，个人缴费从员工每月基本工资中代扣代缴，公司缴费从员工经费中统筹解决。员工享受相应的社会保险待遇，一般包括养老保险、失业保险、生育保险、工伤保险、医疗保险。

2. 住房公积金

住房公积金是企业为员工缴存的长期住房储金。这是企业为员工提供的住房福利，当员工不需要买房时，钱可以存在账户里面；当员工有买房需要的时候，他们可以用住房公积金来还住房贷款。

3. 其他福利

其他福利包括员工休假、员工班车接送、员工住宿、节假日福利津贴、高温补贴、旅游、学习培训等，能有效地提高员工的工作积极性，与员工获得的积分挂钩，目的是鼓励员工多做事、规范行为，同时体现企业的人文关怀，更好地留住优秀人才。

每家企业的福利待遇不一样，在我看来，福利一定要体现“用心”两个字，不用心的福利发放对员工不起任何的激励作用，只会浪费公司的资源和成本。

（四）分红工资

分红工资是企业对不同的激励对象划分的不同专项工资，是根据激励对象的贡献率进行的一种中长期激励，目的是增强员工的主人翁意识，使其为企业创造更多的价值，从而达成企业战略目标。分红工资可以包括项目分红、管理分红、股份分红、公司分红等。

1. 项目分红

项目分红是公司为推进项目研发、技术研发成果的转化，对核心技术人才或研发人才设立的工资。

项目分红的来源：企业首先会设计年度项目成果转化或投产后的年度净利润目标，根据目标的等级设置不同的分红比例作为年度项目分红。

项目分红的分配方式：根据技术人员、研发人员的个人贡献率、绩效等级来分配。

2. 管理分红

管理分红一般是根据职务系数、绩效等级、团队人效，以长期激励的方式奖励给公司管理人员的工资。某企业管理分红分配标准如表6-2所示。

表6-2 某企业管理分红分配标准

类别	职务	绩效等级（优）（分）	绩效等级（良）（分）	计算方式
高层管理（占比50%）	总经理	200	50	奖金=个人分配系数÷所有人分配系数之和×高层管理总奖金
	副总经理	150	30	
	销售经理	100	20	
	工程部经理	100	20	
	人事经理	80	10	
	财务主管	50	5	

（续表）

类别	职务	绩效等级（优）（分）	绩效等级（良）（分）	计算方式
中层管理（占比20%）	生产主管	100	20	奖金=个人分配系数÷所有人分配系数之和×中层管理总奖金
	车床组长	80	10	
	铣磨组长	80	10	
	CNC组长	80	10	
	品质组长	80	10	

3. 股份分红

股份分红是指公司给持有公司股份的员工的红利，包括干股、期权股等。股东大会根据对年度利润的研究和确定，拿出一定比例的利润来分配给股东作为年度分红。

4. 公司分红

在我们服务过的很多企业中，年终奖发放规则是按照个人工资的一定比例发放，如年底双薪、三薪制等，这样的激励方式效果欠佳，无法让员工更关注利润。

公司分红是在达成公司年度目标利润基础上，对绩效优秀的员工发放的一种工资以外的报酬。

公司分红的来源包括降低了的损耗成本、相关费用成本、人效成本、超额完成的产值等。公司分红方式要在年初制定公司的年度目标利润时确定下来，根据目标利润的等级，按照不同的比例作为年底公司全员的分红。利润越高，分红池的额度越大，如表6–3所示。

表6-3　公司分红比例分配标准

利润额（万元）	公司分红比例
200＜目标≤300	5%
300＜目标≤400	超出部分按8%计
400＜目标≤500	超出部分按9%计
＞500	超出部分按12%计

那么，员工的公司分红如何分配呢？

不同的岗位有不同的工作性质、职能、岗位价值。因此，先要设置岗位系数，如表6-4所示。

表6-4　某企业业各岗位奖金分配标准

部门	部门系数	岗位	岗位系数	奖金公式
业务部	1	业务经理	1.5	（部门系数÷所有部门总系数×年底奖金总额）×（个人系数÷部门所有人员总系数）
		业务主管	1.2	
		资深业务员	0.8	
		高级业务员	0.5	
		业务员	0.3	
工程部	1	资深工程师	1.5	
		高级工程师	1.2	
		中级工程师	1	
		初级工程师	0.5	
采购部	0.5	采购经理	1	
		采购员	0.5	
品质部	0.6	品质经理	1.2	
		品检人员	0.5	

公司分红还体现在个人的绩效等级，个人的贡献率决定了获得的公司分红的比例。个人每个月的绩效表现越优秀，获得的公司分红就越多。如表6-5所示。

表6-5　绩效与分红挂钩分配标准

绩效达到良及以上月份数	7个月以下	7个月	8个月	9个月	10个月	11个月	12个月
公司分红发放比例	0	70%	80%	90%	100%	105%	110%

根据上述内容，下面提供某企业制订的一些薪酬体系方案，供大家参考，见表6-6至表6-10。

表6-6 管理类薪资等级表（M类）

序号	职等	职位	月薪标准（元）	年终奖系数	基本工资		岗位工资		绩效工资		各类别工资占比①			
					等级	标准（元）	等级	标准（元）	等级	标准（元）	合计	基本工资	岗位工资	绩效工资
1	12职等	总裁（集团）	40000	4.00	GW12	4000	M1NL25	18000	M1JX25	18000	100%	10%	45%	45%
			35000	4.00			M1NL24	16000	M1JX24	15000	100%	11%	46%	43%
			32000	4.00			M1NL23	14500	M1JX23	13500	100%	13%	45%	42%
			30000	4.00			M1NL22	13500	M1JX22	12500	100%	13%	45%	42%
			28000	4.00			M1NL21	12500	M1JX21	11500	100%	14%	45%	41%
2	11职等	副总裁（集团）、总经理（公司）	25000	3.68	GW11	3000	M1NL20	11100	M1JX20	10900	100%	12%	44%	44%
			23000	3.68			M1NL19	10300	M1JX19	9700	100%	13%	45%	42%
			22000	3.68			M1NL18	9500	M1JX18	9500	100%	14%	43%	43%
			21000	3.68			M1NL17	8700	M1JX17	9300	100%	14%	41%	44%
			20000	3.68			M1NL16	7900	M1JX16	9100	100%	15%	40%	46%
3	10职等	总监（集团）、副总经理（公司）	19000	3.36	GW10	2500	M1NL15	7100	M1JX15	9400	100%	13%	37%	49%
			18000	3.36			M1NL14	6700	M1JX14	8800	100%	14%	37%	49%
			17000	3.36			M1NL13	6300	M1JX13	8200	100%	15%	37%	48%
			16000	3.36			M1NL12	5900	M1JX12	7600	100%	16%	37%	48%
			15000	3.36			M1NL11	5500	M1JX11	7000	100%	17%	37%	47%

① 本章此类表格中，各类别工资占比取值为四舍五入后的百分比，工资合计比例为100%左右。

（续表）

序号	职等	职位	月薪标准（元）	年终奖系数	基本工资		岗位工资		绩效工资		各类别工资占比			
					等级	标准（元）	等级	标准（元）	等级	标准（元）	合计	基本工资	岗位工资	绩效工资
4	9职等	厂长、经理、产品经理	14000	3.05	GW9	2200	M1NL10	5100	M1JX10	6700	100%	16%	36%	48%
			13000	3.05			M1NL9	4800	M1JX9	6000	100%	17%	37%	46%
			12000	3.05			M1NL8	4500	M1JX8	5300	100%	18%	38%	44%
			11000	3.05			M1NL7	4200	M1JX7	4600	100%	20%	38%	42%
			10000	3.05			M1NL6	3900	M1JX6	3900	100%	22%	39%	39%
5	8职等	副厂长、副经理、产品副经理	9700	2.73	GW8	2000	M1NL5	3700	M1JX5	4000	100%	21%	38%	41%
			9300	2.73			M1NL4	3500	M1JX4	3800	100%	22%	38%	41%
			8900	2.73			M1NL3	3300	M1JX3	3600	100%	22%	37%	40%
			8500	2.73			M1NL2	3100	M1JX2	3400	100%	24%	36%	40%
			8100	2.73			M1NL1	2900	M1JX1	3200	100%	25%	36%	40%
6	7职等	主任、主管、产品主管	7700	2.41	GW7	1900	M2NL10	2700	M2JX10	3100	100%	25%	35%	40%
			7400	2.41			M2NL9	2500	M2JX9	3000	100%	26%	34%	41%
			7100	2.41			M2NL8	2300	M2JX8	2900	100%	27%	32%	41%
			6800	2.41			M2NL7	2100	M2JX7	2800	100%	28%	31%	41%
			6500	2.41			M2NL6	1900	M2JX6	2700	100%	29%	29%	42%

（续表）

序号	职等	职位	月薪标准（元）	年终奖系数	基本工资		岗位工资		绩效工资		各类别工资占比			
					等级	标准（元）	等级	标准（元）	等级	标准（元）	合计	基本工资	岗位工资	绩效工资
7	6职等	副主任、副主管	6200	2.09	GW6	1800	M2NL5	1800	M2JX5	2600	100%	29%	29%	42%
			5900	2.09			M2NL4	1700	M2JX4	2400	100%	31%	29%	41%
			5600	2.09			M2NL3	1600	M2JX3	2200	100%	32%	29%	39%
			5300	2.09			M2NL2	1500	M2JX2	2000	100%	34%	28%	38%
			5000	2.09			M2NL1	1400	M2JX1	1800	100%	36%	28%	36%

表6-7 营销类薪资等级表（S类）

序号	职等	职位	月薪标准（元）	年终奖系数	基本工资		岗位工资		绩效工资		各类别工资占比			
					等级	标准（元）	等级	标准（元）	等级	标准（元）	合计	基本工资	岗位工资	绩效工资
1	9职等	业务经理	9600	3.05	GW9	2200	S2NL30	4200	S2JX30	3200	100%	23%	44%	33%
			9400	3.05			S2NL29	3900	S2JX29	3300	100%	23%	41%	35%
			9200	3.05			S2NL28	3600	S2JX28	3400	100%	24%	39%	37%
			9000	3.05			S2NL27	3300	S2JX27	3500	100%	24%	37%	39%
			8800	3.05			S2NL26	3000	S2JX26	3600	100%	25%	34%	41%

（续表）

序号	职等	职位	月薪标准（元）	年终奖系数	基本工资		岗位工资		绩效工资		各类别工资占比			
					等级	标准（元）	等级	标准（元）	等级	标准（元）	合计	基本工资	岗位工资	绩效工资
			8600	2.73			S2NL25	2800	S2JX25	3800	100%	23%	33%	44%
			8300	2.73			S2NL24	2600	S2JX24	3700	100%	24%	31%	45%
2	8职等	业务副经理	8000	2.73	GW8	2000	S2NL23	2400	S2JX23	3600	100%	25%	30%	45%
			7700	2.73			S2NL22	2200	S2JX22	3500	100%	26%	29%	45%
			7400	2.73			S2NL21	2000	S2JX21	3400	100%	27%	27%	46%
			7200	2.41			S2NL20	1900	S2JX20	3400	100%	26%	26%	47%
			6900	2.41			S2NL19	1800	S2JX19	3200	100%	28%	26%	46%
3	7职等	业务主管	6600	2.41	GW7	1900	S2NL18	1750	S2JX18	2950	100%	29%	27%	45%
			6300	2.41			S2NL17	1700	S2JX17	2700	100%	30%	27%	43%
			6000	2.41			S2NL16	1650	S2JX16	2450	100%	32%	28%	41%
			5800	2.09			S2NL15	1600	S2JX15	2400	100%	31%	28%	41%
			5600	2.09			S2NL14	1550	S2JX14	2250	100%	32%	28%	40%
4	6职等	业务副主管	5400	2.09	GW6	1800	S2NL13	1500	S2JX13	2100	100%	33%	28%	39%
			5200	2.09			S2NL12	1450	S2JX12	1950	100%	35%	28%	38%
			5000	2.09			S2NL11	1400	S2JX11	1800	100%	36%	28%	36%

（续表）

序号	职等	职位	月薪标准（元）	年终奖系数	基本工资		岗位工资		绩效工资		各类别工资占比			
					等级	标准（元）	等级	标准（元）	等级	标准（元）	合计	基本工资	岗位工资	绩效工资
			4800	2.41			S2NL10	1350	S2JX10	1750	100%	35%	28%	36%
			4500	2.41			S2NL9	1300	S2JX9	1500	100%	38%	29%	33%
5	5职等	高级市场专员、高级业务专员、高级客服专员	4300	2.41	GW5	1700	S2NL8	1250	S2JX8	1350	100%	40%	29%	31%
			4200	2.41			S2NL7	1200	S2JX7	1300	100%	40%	29%	31%
			4000	2.41			S2NL6	1150	S2JX6	1150	100%	43%	29%	29%
			3800	2.09			S2NL5	1100	S2JX5	1100	100%	42%	29%	29%
			3600	2.09			S2NL4	1050	S2JX4	950	100%	44%	29%	26%
6	4职等	市场专员、业务专员、客服专员	3400	2.09	GW4	1600	S2NL3	1000	S2JX3	800	100%	47%	29%	24%
			3200	2.09			S2NL2	950	S2JX2	650	100%	50%	30%	20%
			3000	2.09			S2NL1	900	S2JX1	500	100%	53%	30%	17%

表6-8　专业类薪资等级表（P类）

序号	职等	职位	月薪标准（元）	年终奖系数	基本工资		岗位工资		绩效工资		各类别工资占比			
					等级	标准（元）	等级	标准（元）	等级	标准（元）	合计	基本工资	岗位工资	绩效工资
1	10职等	首席专家	15000	3.36	GW10	2300	P1NL35	6550	P1JX35	6150	100%	15%	44%	41%
			13000	3.36			P1NL34	6150	P1JX34	4550	100%	18%	47%	35%
			12000	3.36			P1NL33	5950	P1JX33	3750	100%	19%	50%	31%
			11000	3.36			P1NL32	5750	P1JX32	2950	100%	21%	52%	27%
			10000	3.36			P1NL31	5550	P1JX31	2150	100%	23%	56%	22%
2	9职等	研发主任工程师、高级炉渣工程师、高级体系工程师、高级质量工程师、高级设备工程师、高级IE工程师	9700	3.05	GW9	2200	P1NL30	5250	P1JX30	2250	100%	23%	54%	23%
			9400	3.05			P1NL29	5150	P1JX29	2050	100%	23%	55%	22%
			9100	3.05			P1NL28	4950	P1JX28	1950	100%	24%	54%	21%
			8800	3.05			P1NL27	4750	P1JX27	1850	100%	25%	54%	21%
			8500	3.05			P1NL26	4550	P1JX26	1750	100%	26%	54%	21%
3	8职等	研发副主任工程师、副高级炉渣工程师、副高级体系工程师、副高级质量工程师、副高级设备工程师、副高级IE工程师	8000	2.73	GW8	2000	P1NL25	4450	P1JX25	1550	100%	25%	56%	19%
			7800	2.73			P1NL24	4250	P1JX24	1550	100%	26%	54%	20%
			7600	2.73			P1NL23	4050	P1JX23	1550	100%	26%	53%	20%
			7400	2.73			P1NL22	3850	P1JX22	1550	100%	27%	52%	21%
			7200	2.73			P1NL21	3650	P1JX21	1550	100%	28%	51%	22%

（续表）

序号	职等	职位	月薪标准（元）	年终奖系数	基本工资		岗位工资		绩效工资		各类别工资占比			
					等级	标准（元）	等级	标准（元）	等级	标准（元）	合计	基本工资	岗位工资	绩效工资
4	7职等	研发工程师、炉渣工程师、体系工程师、质量工程师、设备工程师、电气工程师、IE工程师	7000	2.41	GW7	1900	P1NL20	3450	P1JX20	1650	100%	27%	49%	24%
			6800	2.41			P1NL19	3250	P1JX19	1650	100%	28%	48%	24%
			6600	2.41			P1NL18	3050	P1JX18	1650	100%	29%	46%	25%
			6400	2.41			P1NL17	2850	P1JX17	1650	100%	30%	45%	26%
			6200	2.41			P1NL16	2650	P1JX16	1650	100%	31%	43%	27%
5	6职等	研发助理工程师、助理炉渣工程师、助理体系工程师、助理质量工程师、助理设备工程师、助理电气工程师、助理IE工程师	6000	2.09	GW6	1800	P1NL15	2550	P1JX15	1650	100%	30%	43%	28%
			5800	2.09			P1NL14	2450	P1JX14	1550	100%	31%	42%	27%
			5600	2.09			P1NL13	2350	P1JX13	1450	100%	32%	42%	26%
			5400	2.09			P1NL12	2250	P1JX12	1350	100%	33%	42%	25%
			5200	2.09			P1NL11	2150	P1JX11	1250	100%	35%	41%	24%
6	5职等	研发高级专员、高级炉渣工艺员、高级体系专员、高级炉渣品控专员、维修技师、电气技师、计划组长、高级生产计划员、高级采购员、总账会计、成本会计、税务会计、高级审计专员、高级人力资源专员	4900	2.41	GW5	1700	P1NL10	2050	P1JX10	1150	100%	35%	42%	23%
			4700	2.41			P1NL9	1950	P1JX9	1050	100%	36%	41%	22%
			4500	2.41			P1NL8	1850	P1JX8	950	100%	38%	41%	21%
			4300	2.41			P1NL7	1750	P1JX7	850	100%	40%	41%	20%
			4100	2.41			P1NL6	1650	P1JX6	750	100%	41%	40%	18%

（续表）

序号	职等	职位	月薪标准（元）	年终奖系数	基本工资		岗位工资		绩效工资		各类别工资占比			
					等级	标准（元）	等级	标准（元）	等级	标准（元）	合计	基本工资	岗位工资	绩效工资
7	4职等	研发专员、炉渣工艺员、体系专员、炉渣品控专员、品控专员、生产计划员、采购员、应收会计、应付会计、审计专员、人力资源专员	3900	2.09	GW4	1600	P1NL5	1600	P1JX5	700	100%	41%	41%	18%
			3800	2.09			P1NL4	1550	P1JX4	650	100%	42%	41%	17%
			3700	2.09			P1NL3	1500	P1JX3	600	100%	43%	41%	16%
			3600	2.09			P1NL2	1450	P1JX2	550	100%	44%	40%	15%
			3500	2.09			P1NL1	1400	P1JX1	500	100%	46%	40%	14%

表6-9 行政类薪资等级表（A类）

序号	职等	职位	月薪标准（元）	年终奖系数	基本工资		岗位工资		绩效工资		各类别工资占比			
					等级	标准（元）	等级	标准（元）	等级	标准（元）	合计	基本工资	岗位工资	绩效工资
1	5职等	高级行政专员	5000	3.05	GW5	1700	ANL15	2200	AJX15	1100	100%	34%	44%	22%
			4800	3.05			ANL14	2100	AJX14	1000	100%	35%	44%	21%
			4600	3.05			ANL13	2000	AJX13	900	100%	37%	43%	20%
			4500	3.05			ANL12	1900	AJX12	900	100%	38%	42%	20%
			4300	3.05			ANL11	1800	AJX11	800	100%	40%	42%	19%

（续表）

序号	职等	职位	月薪标准（元）	年终奖系数	基本工资		岗位工资		绩效工资		各类别工资占比			
					等级	标准（元）	等级	标准（元）	等级	标准（元）	合计	基本工资	岗位工资	绩效工资
2	4职等	行政专员、高级文员	4100	2.73	GW4	1600	ANL10	1740	AJX10	760	100%	39%	42%	19%
			4000	2.73			ANL9	1660	AJX9	740	100%	40%	42%	19%
			3900	2.73			ANL8	1580	AJX8	720	100%	41%	41%	18%
			3800	2.73			ANL7	1500	AJX7	700	100%	42%	39%	18%
			3700	2.73			ANL6	1420	AJX6	680	100%	43%	38%	18%
3	3职等	人事文员、行政文员、财务文员、出纳、审计文员、生产文员、采购助理、市场助理、业务助理、客服助理、研发助理、工艺助理、品质助理	3600	2.41	GW3	1500	ANL5	1340	AJX5	760	100%	42%	37%	21%
			3500	2.41			ANL4	1260	AJX4	740	100%	43%	36%	21%
			3400	2.41			ANL3	1180	AJX3	720	100%	44%	35%	21%
			3300	2.41			ANL2	1100	AJX2	700	100%	45%	33%	21%
			3200	2.41			ANL1	1020	AJX1	680	100%	47%	32%	21%

表6-10 操作类薪资等级表（O类）

序号	职等	职位	月薪标准（元）	年终奖系数	基本工资		岗位工资		绩效工资		各类别工资占比			
					等级	标准（元）	等级	标准（元）	等级	标准（元）	合计	基本工资	岗位工资	绩效工资
1	5职等	生产组长、技师、品检组长、仓储组长、行政组长、维修组长、电气组长	5100	3.05	GW5	1700	O1NL25	2200	O1JX25	1200	100%	33%	43%	24%
			4900	3.05			O1NL24	2100	O1JX24	1100	100%	35%	43%	22%
			4700	3.05			O1NL23	2000	O1JX23	1000	100%	36%	43%	21%
			4500	3.05			O1NL22	1900	O1JX22	900	100%	38%	42%	20%
			4300	3.05			O1NL21	1800	O1JX21	800	100%	40%	42%	19%
2	4职等	高级炉渣机长、高级检验员、高级司机、仓管班长、叉车班长、维修工、电工	4100	2.73	GW4	1600	O1NL20	1740	O1JX20	760	100%	39%	42%	19%
			4000	2.73			O1NL19	1660	O1JX19	740	100%	40%	42%	19%
			3900	2.73			O1NL18	1580	O1JX18	720	100%	41%	41%	18%
			3800	2.73			O1NL17	1500	O1JX17	700	100%	42%	39%	18%
			3700	2.73			O1NL16	1420	O1JX16	680	100%	43%	38%	18%
3	3职等	炉渣机长、检验员、仓管员、司机、处理工、包装班长	3500	2.41	GW3	1500	O1NL15	1340	O1JX15	660	100%	43%	38%	19%
			3400	2.41			O1NL14	1260	O1JX14	640	100%	44%	37%	19%
			3300	2.41			O1NL13	1180	O1JX13	620	100%	45%	36%	19%
			3200	2.41			O1NL12	1100	O1JX12	600	100%	47%	34%	19%
			3100	2.41			O1NL11	1020	O1JX11	580	100%	48%	33%	19%

（续表）

序号	职等	职位	月薪标准（元）	年终奖系数	基本工资		岗位工资		绩效工资		各类别工资占比			
					等级	标准（元）	等级	标准（元）	等级	标准（元）	合计	基本工资	岗位工资	绩效工资
4	2职等	机长、配料员、保安班长、厨师	2900	2.09	GW2	1400	O1NL10	940	O1JX10	560	100%	48%	32%	19%
			2800	2.09			O1NL9	860	O1JX9	540	100%	50%	31%	19%
			2700	2.09			O1NL8	780	O1JX8	520	100%	52%	29%	19%
			2600	2.09			O1NL7	700	O1JX7	500	100%	54%	27%	19%
			2500	2.09			O1NL6	620	O1JX6	480	100%	56%	25%	19%
5	1职等	生产工、物料员、环卫工、厨工、保安员、包装工	2300	2.41	GW1	1300	O1NL5	540	O1JX5	460	100%	57%	23%	20%
			2200	2.41			O1NL4	460	O1JX4	440	100%	59%	21%	20%
			2100	2.41			O1NL3	380	O1JX3	420	100%	62%	18%	20%
			2000	2.41			O1NL2	300	O1JX2	400	100%	65%	15%	20%
			1900	2.41			O1NL1	220	O1JX1	380	100%	68%	12%	20%

第七章　绩效考核设计的关键步骤

绩效考核设计是绩效管理中的一个重要环节，绩效考核设计的步骤见图7-1。

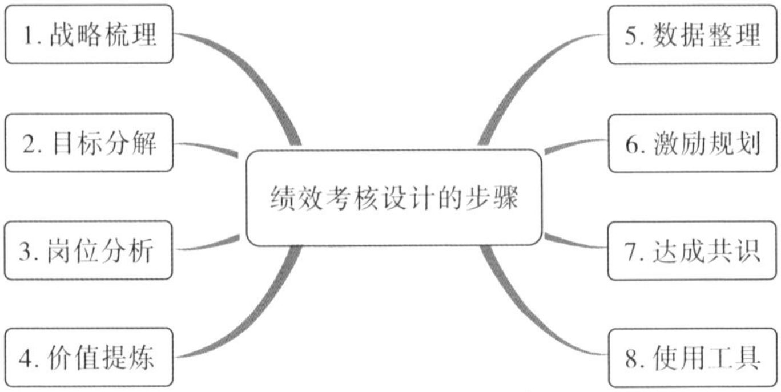

图7-1　绩效考核设计的步骤

（一）战略梳理

绩效考核设计的第一步就是要明确企业的战略目标。如果战略不明确，绩效考核就会失去意义。企业在不同的发展阶段有不同的战略目标，而绩效考核的价值是帮助公司战略落地。因此，明确公司战略是实施绩效考核的前提。

企业在制定战略目标时需要对内、外部环境作分析，包括行业发展趋势分析、专业技术发展趋势分析等，同时需要思考以下问题：

（1）公司未来3～5年，让股东满意的财务指标是哪些。

（2）公司要为客户提供哪些价值，如何衡量客户的核心需求。

（3）公司内部的运作流程如何改善，能否实现财务目标与客户目标。

战略目标体现客户的需求与公司愿景，企业要根据不同阶段制定中长期战略目标以及具体规划。关于战略目标的制定，请参考本书第三章。

（二）目标分解

明确了战略目标后，进入绩效考核设计的第二步，即对公司目标进行层层分解，再落实到每个部门、每个人。

目标是通过自上而下的目标分解与自下而上的绩效保障相结合制定出来的，管理者应鼓励下级自主制定目标，再由管理者将公司目标分解到部门，管理者与员工一起沟通目标，最终达成一致意见（图7-2）。

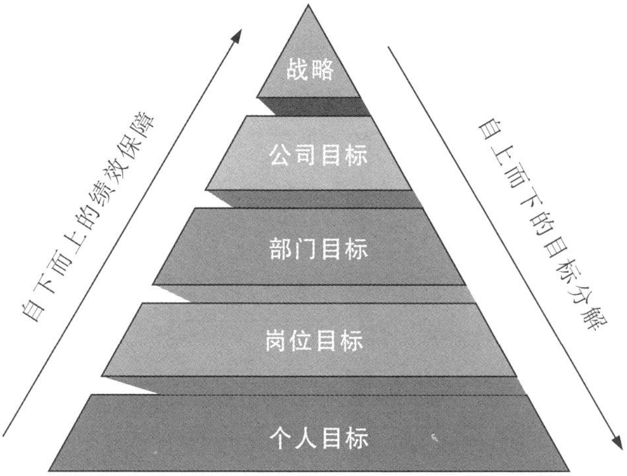

图7-2 目标分解图

参与目标的制定不仅能提高员工的积极性，而且能使制定的目标更具有操作性。在制定绩效考核目标的时候要注意以下两点：

1. 要符合SMART原则

SMART原则在企业管理中经常被用到，是一种目标管理，也是一种效率管理模型，SMART分别代表了5个单词的首字母，也是目标管理的五大原则，被称为目标管理的五个维度。

S代表具体（specific），指目标一定要是可量化的、特定的。

M代表可度量（measurable），指目标要能够被测量，被明确判断，要求有数据、有指标。很多企业的员工效率低，都是目标不清晰导致的。有些岗位还没有设置目标，所以员工工作起来就没有动力。

A代表可实现（attainable），指在给自己或者他人确定目标时，目标不能定太高，也不能定太低。目标太高容易打击员工的积极性，目标太低又没有挑战性，最好是员工付出努力就能够达到的。目标至少要有四个维度，即优、良、中、差。

R表示相关性（relevant），指目标与目标之间要有一定的相关性，整体上是为大目标或者大方向服务的。

T代表有时限（time-bound），也就是有截止日期。对于一个目标而言，如果没有截止期限，那么就基本等同无效。

用SMART原则来衡量我们所制定的目标是否有效，越靠近SMART原则的目标就越容易实施，越容易达成；相反，如果目标划分过于笼统、模糊，或者没有办法去衡量进度，员工都会因为目标不明确而挫伤积极性，或者感到无从下手，甚至浑水摸鱼。在可实现这一原则上，企业需要参考员工本身的潜力以及过往的成绩，作出合理的预估，给出适当的挑战。

2. 绩效考核指标要设置合理的权重

设置绩效考核指标的权重是为了分清事情的轻重缓急，明确责任，更好地对指标进行合理的考评。绩效考核指标的权重大都是凭人为经验分配的，不能随意“拍脑袋”，需要遵循以下原则：

（1）一个岗位的考核指标不要超过5个，每个指标的权重一般设定在5%~40%之间，不能太高，也不能太低。如果某个指标的权重过高，可能会使员工只关注高权重指标而忽略其他的指标；权重过低则不能引起员工足够的重视，他甚至会放弃这个指标，那么这个指标就没有意义了。

（2）越是高层的岗位，所承担的财务性经营指标和业绩指标的权重就越大；越是低层的岗位，所承担的流程类指标、工作结果类指标的权重就越大。

（3）指标需要定量而非定性，建议不能定量的指标不要与工资挂钩，不能量化的指标可以用积分制量化，积分只跟福利待遇挂钩。根据我们多年的落地经验，每个岗位的工作实际上都是可以量化的。指标不能量化是由于考核人员经验不足，不知道如何量化。如果出现非量化的指标，且跟工资挂钩，绩效考核往往失败的概率大，成功的概率小。

（4）根据20/80法则，通常最重要的指标只有几个，如果有1个，每个指标权重一般要超过60%；如果有2个，每个指标权重一般在30%以上；如果有3个，每个指标权重一般在20%以上。

（5）为了便于计算和比较，指标权重一般都为5%的整数倍，最小为5%，太小就没有意义了。根据我们的实操经验，最常见的设立方法是按照指标的重要程度来确定权重。在实际操作时，我们会请该岗位的任职者、上下级同事代表、直属上司、部门负责人、HR和公司绩效委员会成员代表组成专家组，按以下步骤来进行：

第一步，对指标的重要程度进行排序，重要程度越高，权重相应就越大，反之亦然。

第二步，根据指标权重的设置原则，专家组成员对各指标所占权重进行设定。

因此，指标权重要根据指标的重要程度，由与被考核岗位密切相关的人群进行综合评议，而不是交给一个人来随意“拍脑袋”决定。

不管什么企业，每年都要设置企业要挑战的目标，具体如何设置呢？拿某生产制造公司举例（表7–1、表7–2）。

表7–1 某生产制造公司年度经营目标

关键指标	目标项	单位	绩效型目标	愿景型目标	备注
财务方面	销售业绩（加工费）	万元	14050	16050	业务部承接
	预算控制达成率	—	95%～96%	99%	共同承接
客户方面	客户端订单达成率	—	99%～105%	110%	物控部承接
	客户满意度	分	95	99	客服部统计，考核管理层
	客户投诉次数	次	12	6	品质部承接
	新客户开发数	家	18	36	客服部承接

（续表）

关键指标	目标项	单位	绩效型目标	愿景型目标	备注
运营管理	制程合格率（冲压）	—	99.2%	99.5%	生产部承接
	来料合格率	—	97.5%	99%	采购部和品质部承接
	物料准交率	—	99%	99.5%	采购部和物控部共同承接
	生产计划达成率（冲压）	—	98%	90%	销售部承接
	生产效率提升	—	5%	6%	品质部、工程部、生产部承接
	库存周转率	天	42	30	物控部承接
	完善供应商管理体系	—	4月30日	—	采购部承接
	安全事故发生次数	次	0	—	管理部承接
	建立与完善行政管理体系	—	4月1日	—	管理部承接
	高新企业申报	—	11月1日	—	总经理办公室承接
学习发展	培训员工达成率	—	100%	—	所有部门共同承接
	储备干部培养	人	5	—	管理部承接

表7-2 某生产制造公司员工考核指标

考核指标	年度目标解释与计算方式
销售业绩（加工费）	定义：全公司全年主营业务加工费总额，具体任务分配由客服和财务部解释
	计算方式：以当月出货数据简单累加
预算控制达成率	定义：当月实际开支与预算比值，由财务部解释
	计算公式：预算控制达成率=实际费用÷预算费用×100% （注：该指标针对的是有预算费用的项目，实际没有发生的，应减去该指标）

（续表）

考核指标	年度目标解释与计算方式
订单达成率	定义：依照客户订单所约定的当月准时交货的比率（以出货单时间为标准，因客户原因延迟的，按延迟后的时间计算；申请提前的，按原约定时间计算。由客服部解释）
	计算公式：订单达成率=当月准交订单数÷当月应交货订单数×100%
客户满意度	定义：每月针对加工费占比在5%以上的客户，进行一次由客户签字确认的满意度调查，取参与客户的平均值，并形成满意度调查报告。由客服部解释
	计算公式：客户满意度=所参与调查客户的得分÷参与调查客户数
客户投诉	定义：客户对公司的产品或服务品质方面进行的投诉
	计算方式：简单累加
新客户开发家数	定义：新增加有正式成交（年成交金额大于10万元，以收款为准）的客户数。由财务部解释
	计算公式：简单累加
制程合格率（冲压）	定义：当月内冲压IPQC巡查中的批次合格率。由品保部解释
	计算公式：制程合格率=合格产品总数÷生产产品总数×100%
来料合格率	定义：每月来料合格的项数与当月来料总项数的比率。由品质部解释
	计算公式：来料合格率=来料合格项数÷来料总项数×100%（包材及辅材不列入计算）
物料准交率	定义：每月物料准交项数与当月应交项数总项数之比值。由物控部解释
	计算公式：物料准交率=当月物料准交项数÷当月应交总项数×100%（含委外加工，包材与辅材不列入计算）
生产计划达成率	定义：每月生产部（冲压）按计划完成的制令数量与当月计划制令数量总和的比值。由物控部解释
	计算公式：生产计划达成率=当月按计划完成制令数量÷当月计划制令数量×100%
生产效率提升	定义：参照2016年最后一次更新的标准工时，在此基础上的效率提升（以已量产产品计算）
	计算公式：生产效率提升=1−当月实际投入总工时÷当月应投入标准总工时×100%
库存周转率	定义：从材料入库开始至销售为止所经历的天数。由财务部解释
	计算公式：库存周转率=当月天数÷（当月出货成本÷当月平均库存）
完善供应商管理体系	定义：建立供应商管理考评，按“供应商管制程序文件”要求执行
安全事故发生次数	定义：每月安全事故发生次数（费用在500元以下不计入）。由管理部解释
	计算方式：简单累加

（续表）

考核指标	年度目标解释与计算方式
建立与完善行政管理体系	定义：建立与完善行政制度，包括招聘管理制度、考勤管理制度、请休假管理制度、责任赔偿管理办法、离职管理办法。由管理部解释
高新企业申报	定义：准备完整申请资料并上报市科技局
培训达成率	定义：全公司每月培训计划完成情况。由管理部解释
	计算公式：培训达成率=每月实际完成培训课时÷每月计划培训课时×100%
储备干部培养	定义：选拔及培训公司未来的发展人员及关键岗位的人员。由总经办解释

老板想要看的目标损益表如表7–3。

表7–3　目标损益表

收入	
成本	
毛利	
费用	
利润	

公司制定好目标之后，就要将目标分解到各个部门，见表7–4至表7–6。

表7–4　工程部年度经营目标和考核制度

关键指标	目标项	单位	绩效型目标	愿景型目标	目标解读
财务方面	预算控制达成率	—	90%～99%	105%	—
客户方面	样品准时交付率	—	95%	98%	—

（续表）

关键指标	目标项	单位	绩效型目标	愿景型目标	目标解读
内部运营	模具制作计划达成率	—	95%	98%	—
	模具移交数	套	3	6	—
	生产效率提升	—	5%	6%	—
	试产达成率	—	80%	90%	—
	安全事故发生次数	次	0	—	—
学习发展	教育培训达成率	—	100%	—	人均不少于4小时

考核指标	年度目标解释与计算方式
预算控制达成率	定义：当月实际开支与预算的比值。由财务部解释
	计算公式：预算控制达成率=实际费用÷预算费用×100% （注：该指标针对的是有预算费用的项目，实际没有发生的，应减去该指标）
样品准时交付率	定义：当月按客服部样品要求时间完成样品情况。由客服部解释
	计算公式：样品准时交付率=实际完成单数÷样品计划单数×100%
模具制作计划达成率	定义：当月依照模具制作计划完成情况。由工程部解释
	计算公式：模具制作计划达成率=实际完成模具数÷计划制作模具数×100%
模具移交数	定义：每月移交至生产部的数量
	计算方式：当月累加
生产效率提升	定义：参照2016年最后一次更新的标准工时，在此基础上的效率提升（以已量产产品计算）
	计算公式：生产效率提升=1−当月实际投入总工时÷当月应投入标准总工时×100%
试产达成率	定义：依照物控部下达的“试产计划”或试产制令的准时交货（以入库单或前后工序交接单为准）率。由物控部解释
	计算公式：试产达成率=月准时交货单数÷月试产计划应交货单数×100%
安全事故发生次数	定义：每月安全事故发生次数（费用在500元以下不计入）。由管理部解释
	计算方式：简单累加
教育培训达成率	定义：每月培训计划及时完成的情况。由管理部解释
	计算公式：教育培训达成率=每月实际完成培训课时÷每月计划培训课时×100%

表7–5　财务部经营管理目标

关键绩效领域	目标项	单位	关键值	目标解读
财务方面	财务报表及时性	天	10	—
	财务报表数据的准确性	—	100%	—
	预算控制达成率（公司）	—	90%～110%	—
	应收账款占比	—	0.5%	—
内部运营	建立与健全财务管理体系	日期	12月31日	—
	财务分析会	次/月	1	—
学习发展	教育培训达成率	—	100%	—
	部门核心人才培养达成率	—	100%	—
考核指标	年度目标解释与计算方式			
财务报表及时性	定义：财务各项报表的及时性			
	计算方式：资产负债表（每月10日前报送）、损益表（每月10日前报送）、资金运用表（每月15日前报送）			
财务报表数据的准确性	定义：每月财务各项报表的准确性			
预算控制达成率（公司）	定义：当月实际开支与预算的比值。由财务部解释			
	计算公式：预算控制达成率（公司）=实际费用÷预算费用×100%			
建立与健全财务管理体系	定义：持续改进财务管理体系			
财务分析会	定义：每月对公司财务状况进行一次分析			
教育培训达成率	定义：每月培训计划及时完成的情况。由管理部解释			
	计算公式：教育培训达成率=每月实际完成培训课时÷每月计划培训课时×100%			
部门核心人才培养达成率	定义：对核心关键岗位人才培养的完成情况。由管理部解释			
	计算公式：部门核心人才培养达成率=已完成训练科目数÷应完成训练科目数×100%			

表7–6　生产部经营管理目标

关键绩效领域	目标项	单位	绩效型目标	愿景型目标	备注
财务方面	材料利用率	—	99.5%	99.9%	—
	预算控制达成率	—	90%～99%	105%	—

（续表）

关键绩效领域	目标项	单位	绩效型目标	愿景型目标	备注
客户方面	生产计划达成率（冲压）	—	95%	98%	—
内部运营	制程合格率（冲压）	—	98%	99%	—
	设备稼动率	—	30%	—	—
	组装生产效率	—	95%	98%	由非生产原因导致的异常工时不计入
	员工流失率	—	9%	5%	负指标
	生产效率提升	—	5%	6%	—
	安全事故发生次数	次	0	0	—
学习发展	培训达成率	—	100%	—	每月人均培训不少于4小时

考核指标	年度目标解释与计算方式
材料利用率	定义：完成生产计划实际用料与计划所需标准用料的比率。由物控部解释
	计算公式：耗损率（冲压）=实际用料÷标准用料×100%
预算控制达成率	定义：当月实际开支与预算的比值。由财务部解释 （注：该指标针对的是有预算费用的项目，实际没有发生的，应减去该指标）
	计算公式：预算控制达成率=实际费用÷预算费用×100%
生产计划达成率（冲压）	定义：每月生产部（冲压）实际完成制令数与当月计划完成制令数的比率。由物控部解释
	计算公式：生产计划达成率（冲压）=按时完工单数÷计划完工单数×100%
制程合格率（冲压）	定义：当月内冲压IPQC巡查中的批次合格率。由品保部解释
	计算公式：制程合格率（冲压）=合格产品总数÷生产产品总数×100%
设备稼动率	定义：当月生产冲床开机时间的总和与设备当月时间的总和的比值。由生产部解释
	计算公式：设备稼动率=［当月开机工时÷（当月设备台数×10×当月实际出勤天数）］×100%
组装生产效率	定义：当月组装实际产出的总工时（以入库数量为准）与实际出勤总工时的比率。由非生产原因导致的异常工时如计划不足、待料、模具或产品设计错误、检验延误（超过一个工作日）等不计入。由物控部解释
	计算公式：组装生产效率=产出总工时÷出勤总工时×100%

（续表）

关键绩效领域	目标项	单位	绩效型目标	愿景型目标	备注
员工流失率	定义：员工（入职满7天）离职人数占当月生产部门在职总人数的比例（不含主动离职员工）				
	计算公式：员工流失率=当月离职（入职满7天）人数÷当月生产部平均在职人数×100%				
生产效率提升	定义：参照2016年最后一次更新的标准工时，在此基础上的效率提升（按已量产的产品计算）				
	计算公式：生产效率提升=1-（当月实际投入总工时÷当月应投入标准总工时）×100%				
安全事故发生次数	定义：每月安全事故发生次数（费用在500元以下不计入）。由管理部解释				
	计算方式：简单累加				
培训达成率	定义：每月培训计划及时完成的情况。由管理部解释				
	计算公式：培训达成率=每月实际完成培训课时÷每月计划培训课时×100%				

每个部门的年度目标需要根据每个部门的情况设定，总体目标要跟公司年度目标保持一致，制定好年度目标后分解成各个部门季度目标和月度目标，最终目标达成的结果，以工程部月度经营计划报告为例，见表7-7至表7-10。

表7-7　月度预算控制达成情况表

（预算控制达成率90%～110%）

月份	1月	2月	3月	4月	5月	6月	7月	8月	9月	10月	11月	12月	平均值
目标值	100%	100%	100%	100%	100%	100%	100%	100%	100%	100%	100%	100%	—
达成值	87.7%	77.7%	95.4%	86.3%	86%	90%	106%	85%	94%	97%	95%	97%	91.43%

表7-8 月度样品交付达成情况表

（样品准时交付率95%）

月份	1月	2月	3月	4月	5月	6月	7月	8月	9月	10月	11月	12月	平均值
目标值	95%	95%	95%	95%	95%	95%	95%	95%	95%	95%	95%	95%	—
达成值	80%	80%	100%	100%	100%	91%	82.3%	100%	85.7%	100%	100%	100%	93.25%

表7-9 月度模具制造达成情况表

（模具制造计划达成率95%）

月份	1月	2月	3月	4月	5月	6月	7月	8月	9月	10月	11月	12月	平均值
目标值	95%	95%	95%	95%	95%	95%	95%	95%	95%	95%	95%	95%	—
达成值	100%	100%	100%	100%	100%	100%	85%	100%	80%	100%	100%	100%	97.08%

表7-10 月度教育培训达成情况表

（教育培训达成率100%）

月份	1月	2月	3月	4月	5月	6月	7月	8月	9月	10月	11月	12月	平均值
目标值	100%	100%	100%	100%	100%	100%	100%	100%	100%	100%	100%	100%	—
达成值	100%	100%	100%	100%	100%	100%	100%	100%	100%	100%	100%	100%	100%

只有部门的目标达成了，公司的目标才能够达成。制定好目标后，执行和过程管控是关键。

（三）岗位分析

当目标被分解后，公司需要根据分解后的战略目标对公司的组织架构进行优化，把人才放在合适的部门、合适的岗位。很多企业的组织架构比较臃肿，这会阻碍战略目标的实现，也会增加人员成本，无法创造更大的效益。

绩效考核设计第三步需要对岗位进行分析，明确岗位职责。岗位分析是公司通过分析不同的岗位及其工作性质，明确责、权、利的过程。岗位说明书就是通过分析承担该岗位应具备的任职资格、岗位职责并制定岗位的要求而形成的文件。

为什么要进行岗位分析？

（1）明确每个人的责、权、利，使每个人对自己承担的职责更加清晰，减少岗位与岗位之间在工作上的推诿。

（2）优化招聘流程，当部门人才出现缺口时，能明确用人标准。

（3）在建立薪酬绩效体系时，能明确每个岗位的价值。

（4）为员工的培训和发展提供依据。

怎么做岗位分析？

岗位分析主要是以结果为导向，如设立这个岗位的目的是什么，需要解决什么样的问题，能为组织创造什么样的价值，创造的最大价值是什么。所以岗位分析者站的角度往往要比较高，要从公司战略的全局看问题，从企业的使命和愿景出发，否则岗位分析就没有生命力。我们在落地实施绩效管理过程中会对每个岗位存在的价值进行深入的分析，把这个岗位的最大价值找出来，在设计薪酬体系时才有数据作为支撑。下面以某工厂厂长岗位薪酬设计为例，介绍岗位分析和薪酬设计，见表7-11、表7-12。

表7-11 某工厂厂长岗位薪酬设计

<table>
<tr><th colspan="8">薪资结构</th></tr>
<tr><td>薪资结构</td><td colspan="2">基本工资</td><td colspan="2">绩效工资</td><td colspan="2">目标利润达成奖</td><td>其他</td></tr>
<tr><td>占比</td><td colspan="2">40%</td><td colspan="2">20%</td><td colspan="2">40%</td><td></td></tr>
<tr><td>金额（元）</td><td colspan="2">4000</td><td colspan="2">2000</td><td colspan="2">4000（±）</td><td></td></tr>
<tr><th colspan="8">年目标利润达成奖（万元）</th></tr>
<tr><td>目标达成</td><td>150</td><td>225</td><td>270</td><td>350</td><td>400</td><td>450</td><td>500</td></tr>
<tr><td>金额</td><td>2.5</td><td>3</td><td>3.6</td><td>4.6</td><td>6</td><td>7</td><td>8</td></tr>
</table>

上表中，“占比”是指厂长的薪酬比例，假设工厂每个月支付工厂厂长1万元的固定工资，那么厂长工作起来就缺乏动力，因为他不管如何努力工作都是获取相同的工资。因此，要把厂长的薪酬拆分成三个部分，如基本工资4000元，绩效工资2000元，目标利润达成奖可以在4000元上下浮动，基本工资与出勤率挂钩，绩效工资与交期、质量、生产安全挂钩。这里为什么不跟成本挂钩呢？因为目标利润达成奖的40%中包括了成本，工厂的利润越高，工厂厂长的收入就越高。

表7-12 某工厂厂长岗位薪酬说明

指标	交期	质量		生产安全
		产品合格率	人均效率	
金额	500元	1000元	500元	—
说明	大客户的交期不准时的，扣300元；小客户的交期不准时的，扣100元；当月两次以上不准时的，扣年度分红股，涉及大客户的，扣10股，涉及小客户的，扣5股；当月总产值/人数合格且准时，额外奖励100元	造成损失的，公司承担70%，个人承担30%，最高扣款1000元；年度损失超过1万元的，目标工资下调一级；全年损失低于3000元的，奖励3000元	当月总产值/生产部人员，人均低于5万元的，扣500元；人均高于5.5万元的，奖励1000元	全年安全事故损失基数（不超过）2000元，超过基数且造成损失的，公司承担70%，个人承担30%

对新人来说，以上岗位薪酬设计是没有起到激励作用的，你认为怎样才能解决这个问题呢？

____

____

____

下面是某公司人力资源部经理岗位说明书，有十大指标，每个指标的权重都一样，表面看上去很清晰，但在执行过程中肯定是走过场。每个岗位的工作都有轻重缓急，人力资源部经理的工作一定要跟公司的人均效率挂钩，主要工作就是找到合适的人（建团队），见图7-3和表7-13、表7-14、表7-15。

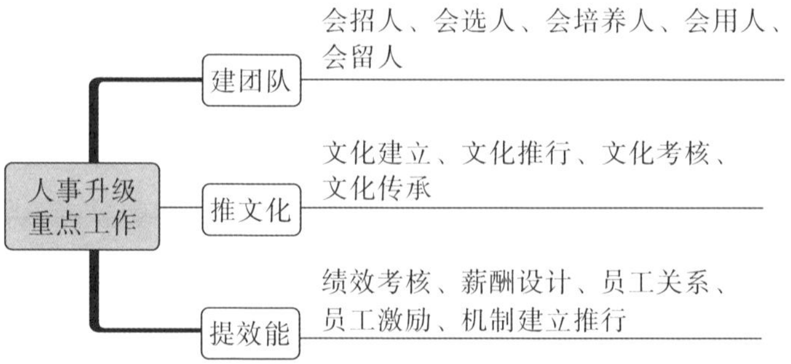

图7-3 人事升级重点工作

表7-13 某公司人力资源部经理岗位说明书

序号	指标	权重	完成情况	评分
1	招聘目标达成	10%	提出招聘需求后20天内完成，完成需招聘岗位比例达90%以上	
2	劳动纠纷解决	10%	在第一时间解决劳动纠纷，不扩大事端	
3	培训完成	10%	按培训计划组织人员培训	
4	绩效薪资计算	10%	于每月25日前提交，无差错	
5	员工奖惩处理	10%	按制度执行，公平公正	
6	人力资源报告	10%	于每月27日前按质提交	
7	工作分析	10%	完成各岗位工作分析，形成工作说明书	
8	员工关系管理	10%	维护员工日常关系，规划员工职业生涯	
9	新员工培养	10%	对新员工开展培训，帮助新员工度过试用期	
10	人才培养	10%	培养主管2名，专员2名	

一家企业最重要的资源是人，而人力资源部经理就是管人的，所以这个岗位比较重要。如果这个部门工作岗位职责不清晰，将直接影响整个公司的发展。很多企业对人力资源部门的重视程度不够，这个部门的员工一旦能力不足或考核指标不清晰，就会给老板造成麻烦。

表7–14　某公司人力资源部经理薪酬设计

薪资结构							
薪资结构	基本工资		绩效工资		目标利润达成奖		其他
占比	50%		30%		20%		
金额（元）	4000		2400（±）		1600（±）		
年目标利润达成奖（万元）							
目标达成	150	225	270	350	400	450	500
金额	1	1.5	2	2.5	3	4	5

表7–15　某公司人力资源部经理薪酬说明

指标	建团队	推文化	提效能
金额（元）	800	600	1200
说明	1.按公司年度人员编制建团队，且满足公司用人需求； 2.找到1名总监级别人才奖2000元，找到1名经理级人才（技术A类人才）奖500元； 3.人才流失1人扣500元	1.定期在墙面宣传企业文化； 2.举办企业文化活动； 3.考核、推进、执行企业文化； 4.每月提交执行计划： 优：1000元 良：700元 合格：600元 不合格：300元	1.公司当月总产量/总人数=5万/月； 2.人效增加多少奖多少； 3.人效减少多少扣多少

以下是某工厂工程部的人员编制及岗位设计表（表7–16）、设计组长岗位说明书（表7–17），你能发现其中存在的问题吗?

表7–16　工程部人员编制及岗位设计表

组织	职位名称	人员编制（人）	备注
技术中心	设计组长	1	—
	设计工程师	1	—
	模具主管	1	—
	模具组长	1	—
	文员	0	生产部文员兼职
	模具师傅	2	—
	模具普师	3	—
	模具学徒	3	—
	磨床师傅	1	—
	PIE工程师	1	—
线切割师傅		3	—
合计		17	—

表7–17　工程部设计组长岗位说明书

一、基本信息					
职位名称	设计组长	所在部门	工程部	所在科室	无
直接上司	经理	职位级别	见《职位管理办法》	职位编号	见《职位管理办法》
二、主要职责描述					
1.新产品开发：根据客户要求，开发新产品（含新产品、新材料、新工艺、新模具等）并进行新产品的试制、鉴定。 2.新产品管理：负责新产品、新材料、新模具的保管及保密工作。 3.行业信息收集：搜集、整理同行业工艺技术及先进制造方法，为工艺技术改良提供参考。 4.ME（设备工程）指导：负责产生设备评估、申购、考核、验收。 5.品质技术异常处理：组织处理客户反馈及生产过程中出现的品质难题、技术难题。 6.档案管理：负责公司各项工程技术资料（包括电子资料与书面资料）的分发、回收、保管与保密工作。 7.模具改良：负责对生产部在制造过程中发现的需要改进的模具进行评估					

（续表）

<table>
<tr><th colspan="4">三、岗位KPI</th></tr>
<tr><td colspan="4">1.新产品开发周期控制；2.标准工时制定及时率；3.工艺改善件数</td></tr>
<tr><th colspan="4">四、管理范围（直接下属情况）</th></tr>
<tr><td>职位名称</td><td>在职人数</td><td colspan="2" rowspan="4">职位组织关系图：
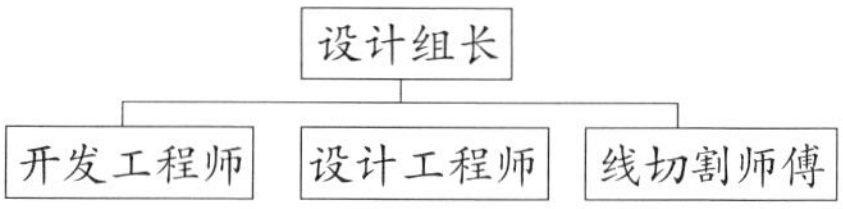
</td></tr>
<tr><td>开发工程师</td><td>1</td></tr>
<tr><td>设计工程师</td><td>1</td></tr>
<tr><td>线切割师傅</td><td>3</td></tr>
<tr><th colspan="4">五、任职资格要求</th></tr>
<tr><td colspan="4">A.学历及专业要求</td></tr>
<tr><td>学历</td><td colspan="3">大专以上学历</td></tr>
<tr><td colspan="4">B.工作经验要求</td></tr>
<tr><td>工作年限要求</td><td colspan="3">有10年以上工龄</td></tr>
<tr><td>专业/行业经验</td><td colspan="3">有8年以上五金模具开发设计工作经验，5年同职位工作经验</td></tr>
<tr><td colspan="4">C.专业技能要求</td></tr>
<tr><td>专业技能</td><td colspan="3">有模具开发设计专业技能</td></tr>
<tr><td>沟通能力</td><td colspan="3">具有较强的沟通能力，能与其他部门和客户进行良好的沟通</td></tr>
<tr><td>领导力</td><td colspan="3">统筹与安排全面的工作，组织本部门和其他部门开展技术培训</td></tr>
<tr><td>创新能力</td><td colspan="3">综合其他行业工艺，提高本行业研发新产品能力</td></tr>
<tr><td colspan="4">D.特殊要求</td></tr>
<tr><td>计算机水平</td><td>能训练使用CAD、AI、UG等设计软件</td><td>年龄要求</td><td>30岁以上</td></tr>
<tr><td>外语水平</td><td>—</td><td>性别要求</td><td>男女不限</td></tr>
</table>

<table>
<tr><th colspan="7">六、日常工作任务清单</th></tr>
<tr><th rowspan="2">序号</th><th rowspan="2">工作内容</th><th rowspan="2">发生频率</th><th rowspan="2">类别</th><th colspan="3">权限</th></tr>
<tr><th>承办</th><th>审核</th><th>决策</th></tr>
<tr><td>1</td><td>项目开发，导入新工艺设计</td><td>每天</td><td>A</td><td>√</td><td>—</td><td>—</td></tr>
<tr><td>2</td><td>控制新产品研发成本，把握进度，对工程质量等进行成果试验</td><td>每天</td><td>B</td><td>—</td><td>—</td><td>√</td></tr>
<tr><td>3</td><td>对工程技术员工进行技能培训</td><td>每周</td><td>C</td><td>√</td><td>—</td><td>—</td></tr>
<tr><td>4</td><td>对工程部员工进行绩效考核</td><td>每月</td><td>C</td><td>√</td><td>—</td><td>—</td></tr>
<tr><td>5</td><td>管理工程文件</td><td>每天</td><td>B</td><td>—</td><td>√</td><td>—</td></tr>
</table>

（续表）

六、日常工作任务清单						
序号	工作内容	发生频率	类别	权限		
				承办	审核	决策
6	对工程部员工进行日常管理	每天	C	√	—	—
7	建设及管理工程部项目体系	每月	C	√	—	—
8	管理样品	每天	C	—	√	—
9	处理分析各种质量问题，为客户提供解决方案，解决其他部门的技术难题	每天	B	√	—	√

注：A类工作为非常重要且占据大量时间的工作；B类工作为重要且占据很多时间的工作；C类工作为不重要且占据很少时间的工作。

上述人员编制及岗位设计表、设计组长岗位说明书中存在的问题：

______

______

______

（四）价值提炼

完成了岗位分析、调研后，就能够很明确地了解每个岗位的工作职责，继而要结合目标，抓取关键性的绩效指标。绩效指标分为量化指标、非量化指标、额外加分项和额外扣分项。

量化指标指能够准确地通过数据来衡量结果的考核指标，通常以达成结果值的比率的形式体现，比如利润目标、业绩增长率、新产品研发数量、客诉率等。量化指标是以实现目标值的完成率为基础，按照百分制或积分的方式计算。

非量化指标指无法直接通过数据计算的评价结果，需要通过客观的描述和分析来反映。非量化指标一般用级别表示，可划分为优、良、合格、不合格四个级别。对于关键事件可以采取加减分数的方法，制定相应的奖扣分标准。

额外加分项和额外扣分项：指在绩效指标中不设权重时的一些额外奖扣分事件。

在提取关键指标时，可以通过以下问题来分析指标提取是否合理。

（1）是否与企业目标和部门目标一致？

（2）是否达到客户的期望？

（3）是否是具体、明确的？

（4）是否能用来衡量结果？

（5）是否有结果导向？

（6）是否有挑战性？

（7）是否有时间要求？

不同的指标有不同的轻重程度。我们需要根据指标数量（一般3～5个）确定权重，明确指标的重要性。权重之和可以是百分比，也可以是系数。分配权重的原则应该以目标为导向，大多数岗位在创新型目标、效益型目标上权重较高，在常规任务上权重较低，通常不以完成目标所需的时间来分配指标的权重，具体见表7–18。

表7–18　生产部价值提炼

关键绩效领域	目标项	单位	绩效型目标	愿景型目标	备注
财务方面	材料利用率	—	99.5%	99.9%	—
	预算控制达成率	—	90%～99%	105%	—
客户方面	生产计划达成率（冲压）	—	95%	98%	—

（续表）

关键绩效领域	目标项	单位	绩效型目标	愿景型目标	备注
内部运营	制程合格率（冲压）	—	98%	99%	—
	设备稼动率	—	30%	—	—
	组装生产效率	—	95%	98%	由非生产原因导致的异常工时不计入
	员工流失率	—	9%	5%	负指标
	生产效率提升	—	5%	6%	—
	安全事故发生次数	次	0	0	—
学习发展	培训达成率	—	100%	—	每月人均培训不少于4小时

（五）数据整理

在提取关键指标时，管理者与员工应充分考虑数据的可收集性、数据来源以及收集带来的成本。当数据涉及相关部门时，应与相关部门沟通，分析可操作性。如果数据的可收集性不大或数据存在偏差，就需要考虑是否能用其他数据替代或者选择其他的绩效指标。

除了量化指标，在目标过程管控时，相关协同部门也可以提供一些非量化指标（如客户的描述）进行反馈，以体现该岗位的绩效，这个过程需要工具支持，使我们在管理流程上更加便捷。因为绩效管理的目的是能准确地衡量每个人的工作完成情况、绩效结果，缺乏工具的记录，会导致操作者工作量过大，数据收集过程烦琐，数据不真实，使最终的评估缺乏客观依据，甚至使绩效考核变成走过场，失去了绩效管理的意义。

当确定绩效指标后，需要整理前几个月的数据作为依据，充分了解可提升的空间在哪里，通过数据的对比和分析，就能更加准确地制定合适的绩效指标及其目标值。

数据整理最好的方法，就是用工具，后面的章节会详细介绍这一方面的内容。

（六）激励规划

带兵打仗必须赏罚分明，“分明”的意思就是要公正、公平、合理。古人云：“利可共而不可独，谋可寡而不可众。”人需要有长远的眼光，分享利益才可以得人心，所以一个企业的分配机制决定企业的发展。分多了，企业没钱赚；分少了，员工又没有动力。

如何做到合理分配呢？

首先是要确定分多少。如何确定分多少呢？要了解人工成本占整个公司营业额的百分比是多少，不同企业的人工成本占比不一样，比如某知名公司每年的人工成本控制在18%左右，科技型公司与生产型公司的人工成本占比不一样，与自动化设备较多的公司也不一样。

把要拿多少钱来激励员工这件事确定之后，接下来就要制定合理的激励规划。制定合理的激励规划是推进绩效管理的重要过程。激励规划体现在绩效结果的应用，可根据每月的绩效得分划分绩效结果等级，如表7–19所示，把90分作为基准，得分在90～100分为合格；得分在101～110分为良好；得分在111分以上为优秀；得分在81～89分为有待改善；得分在0～80分为不合格。不同的企业或不同的岗位，绩效结果等级设置有所不同，因而需结合岗位的实际状况和绩效得分设置合理的绩效等级。

表7–19　绩效结果等级划分表

绩效分	等级	描述
111分以上	优秀	超预期完成目标，达到挑战值
101～110分	良好	该目标完成比较理想，该项目标的达成率在100%以上
90～100分	合格	该目标基本完成，达成率在90%以上
81～89分	有待改善	完成情况有待改善，目标达成率在80%以上，90%以下
0～80分	不合格	完成情况不好，目标达成率在80%以下

一套短、中、长期的激励规划可包括薪资福利、岗位晋升、绩效改进、学习培训、员工转岗，并体现在绩效结果的应用上，如图7–4所示。

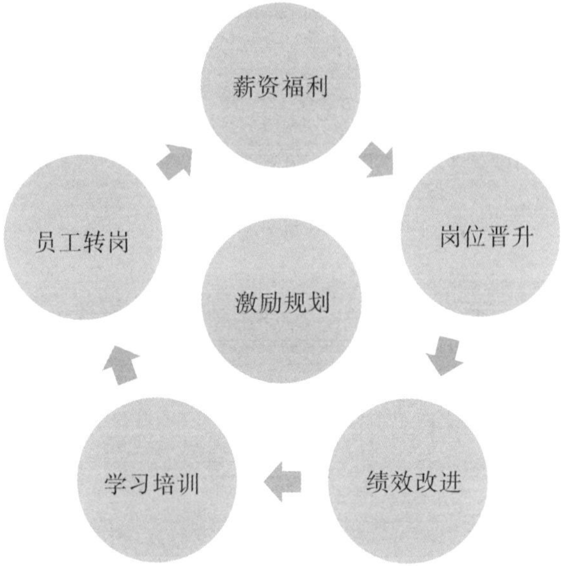

图7–4　绩效结果的应用

1. 绩效结果与绩效工资挂钩

绩效结果与当月绩效工资挂钩，能激励员工，推动员工努力地完成月度目标，提升绩效。绩效越高的员工，其薪资越高；绩效不达标的员工，其绩效工资越低。企业可根据不同的岗位设置不同比例的绩效工资。

计算公式：个人绩效工资=绩效实际分值÷合格分值×绩效工资标准。

例如，客服人员的绩效工资标准是1500元，合格分值为90分；当月绩效得分为90分，即当月绩效工资按100%发放；若当月绩效实际分值为80分，则绩效工资为80÷90×1500≈1333元；若当月绩效实际分值为110分，则绩效工资为110÷90×1500≈1833元。

为了维护绩效考核的平衡性，对中层以下岗位的人员根据不同部门或分小组进行等级分布，当月绩效等级为优、良、合格的人数分别不超过本部门或本小组纳入考核总人数的25%；当月绩效等级为有待改善及以下的人数不得低于本部门或本小组纳入考核总人数的25%。这种方法是中小企业常用的方法，如果公司年度奖金较高，也可以采用绩效跟年度奖金挂钩，不跟当月工资挂钩的方式，还有的公司用以下方法（表7-20）来激励员工：根据绩效分和等级获得对应的薪酬，等级为优秀的，工资为1.3万元；等级为良好的，工资为1.1万元；等级为合格的，工资为1万元；等级为有待改善的，工资为8000元；等级为不合格的，工资低于8000元；连续2个月不合格的，对其进行转岗或将其淘汰。

表7-20　绩效分与绩效工资挂钩标准

绩效分	等级	薪酬标准
111分以上	优秀	1.3万元
101～110分	良好	1.1万元
90～100分	合格	1万元
81～89分	有待改善	8000元
0～80分	不合格	低于8000元

很多公司将绩效工资与当年的年终奖挂钩，绩效好的员工最高绩效工资为48个月的工资，相当于辛苦工作1年就能拿到5年的工资，对于企业来说，这是值得的。但不是每个人都能拿到48个月的工资，大部分员工为了能多拿半年或3个月的工资也都很努力。

2. 绩效结果与调薪挂钩

大部分企业每年都会给员工调薪。我们服务过的一家机械设备企业的老板为了提高员工的工作积极性，留住人才，每年都给员工调薪，但是调薪没有客观、公平的衡量标准，只是凭老板“拍脑袋”去决定，最后不仅达不到期望的激励效果，反而使人工成本每年都在增长，企业效益却没有增长。

那么，绩效结果如何解决调薪的问题呢？

首先要给每个岗位设置薪酬带宽。薪酬带宽是指岗位薪酬的变动范围。设置合理的薪酬带宽，能更为灵活地将员工的能力与绩效紧密结合。

薪酬带宽要综合员工的年度绩效来确定。例如，一年内有3个月绩效不合格的，不享受加薪；一年内有10个月绩效达到合格及以上的，薪酬加3%；一年内有10个月绩效达到良好及以上的，薪酬加8%；一年内有10个月绩效达到优秀的，薪酬加13%。这些标准可以根据公司的具体情况来制定。

为了避免员工调薪后出现随着时间的延续，员工基本工资超出了企业的薪酬支付能力的问题，年度的调薪额度可以转为下一年的绩效工资，与员工的工作成果挂钩，更能调动员工的工作积极性。

3. 绩效结果与岗位晋升挂钩

为了强化员工内部的公平性和竞争性，企业要建立一套留住人才的晋升机制。中小型企业的人才晋升路径分为专业路线（P系列）和管理路线（M系列），在晋升标准上，除了对该等级岗位的任职资格有要求外，还需要根据员工的绩效结果来评定。

企业为了激励人才发挥最大的潜能，会根据企业的实际情况设置晋升周期。晋升路径并不一定是固定的，也不一定只晋升一个等级，根据员工的能力而定，可以连续晋升三级甚至连续晋升多级，也可能永远也不会晋升。

很多企业都没有设置晋升体系，员工在公司看不到希望。晋升体系就是员工通向梦想的道路，即便企业很小，也一样要设置晋升体系。企业虽然目前规模很小，但是任何企业都是由小变大的。晋升体系具体如何设置，可以参照图7–5。

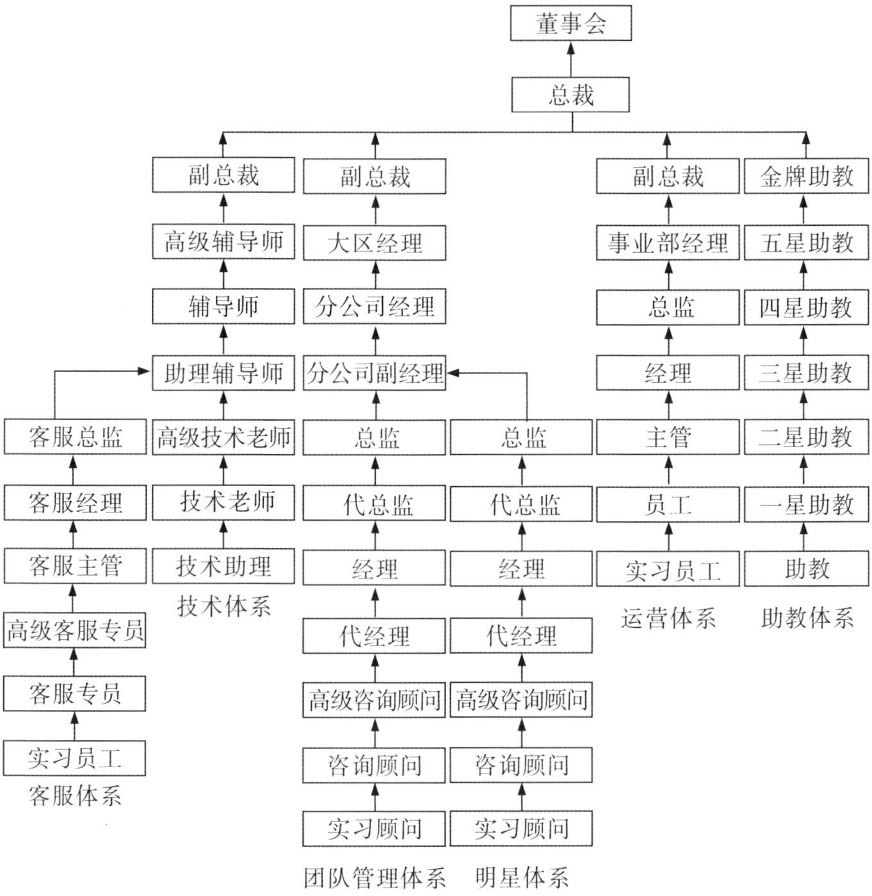

图7–5　某企业岗位晋升通道

这是一个比较完善的晋升体系，每个岗位的晋升都要有具体、明确的要求和说明，员工晋升后就要承担更大的责任，随之员工的能力也要提高，付出也会增加，而员工享受的薪资待遇也会增加。以某工厂电气部门晋升要求和某公司职位晋升职等表为例，供大家参考，见表7–21、表7–22。

表7-21　某工厂电气部门晋升要求

岗位等级	晋升要求
资深电气工程师	1.至少有12年以上相关行业经验，能构思各种行业的各种设备； 2.能独立完成产线整体电气图、程序设计； 3.具备独立生产线调试的能力； 4.符合外协调试管理能力的要求； 5.具备培养下属的能力； 6.具备项目进度、成本管控能力
高级电气工程师	1.至少有7年以上相关行业经验； 2.能独立完成电气图设计工作； 3.能独立完成程序设计（梯形图20000步以上）； 4.具备独立设备调试的能力； 5.符合外协调试管理能力的要求； 6.具备培养下属的能力； 7.具备项目进度、成本管控能力； 8.具有新技术领域的挑战能力
中级电气工程师	1.至少有4年以上相关行业经验； 2.能独立完成电气图设计工作； 3.能独立完成程序设计（梯形图8000步以上）； 4.具备独立设备调试的能力； 5.符合外协调试管理能力的要求； 6.具备培养下属的能力； 7.具备项目进度、成本管控能力； 8.具有新技术领域的挑战能力
初级电气工程师	1.至少有2年以上相关行业经验； 2.能独立完成电气图设计工作； 3.能独立完成简单的程序设计（梯形图3000步以上）； 4.具备在原有参考程序中的修改能力； 5.符合外协配线管理能力的要求； 6.能完成简单设备的调试工作
电气工程师	1.具备电气自动化专业； 2.熟练操作CAD画图软件； 3.通过笔试考核（填空题占50%、电气图设计题占50%、程序设计题占50%）； 4.能独立完成配线工作

表7-22　某公司职位晋升职等表

职等	管理类（M类）		营销类（S类）	专业类（P类）				行政类（A类）	操作类（O类）
	集团	公司	公司	公司（技研）	公司（生产/质量/设备）	公司（计划/采购/人力资源）	公司（财务）	公司	公司
12职等	总裁		—	—	—	—	—	—	—
11职等	副总裁	总经理	—	—	—	—	—	—	—
10职等	总监	副总经理	—	首席专家	—	—	—	—	—
9职等	—	厂长、部门经理、产品经理、项目经理	业务经理	主任工程师、高级IE工程师	高级工程师	—	—	—	—
8职等	—	副厂长、部门副经理、产品副经理、项目副经理	业务副经理	副主任工程师、副高级IE工程师	副高级工程师	—	—	—	—
7职等	—	部门主管、车间主任、产品主管、项目主管	业务主管	工程师	工程师	—	—	—	—
6职等	—	部门副主管、车间副主任、产品副主管、项目副主管	业务副主管	助理工程师	助理工程师	—	—	—	—
5职等	—	—	高级专员	高级专员	高级专员、技师	高级专员	高级会计	高级专员	组长

（续表）

职等	管理类（M类）		营销类（S类）	专业类（P类）				行政类（A类）	操作类（O类）
	集团	公司	公司	公司（技研）	公司（生产/质量/设备）	公司（计划/采购/人力资源）	公司（财务）	公司	公司
4职等	—	—	专员	专员	专员	专员	会计	专员、高级文员	高级机长（制胶/涂硅/油胶/水胶/上光膜）、机修工、电工、高级检验员、高级司机、仓管班长、叉车班长
3职等	—	—	—	—	—	—	—	文员 助理	机长（制胶/涂硅/油胶/水胶/上光膜）、检验员、仓管员、司机、水处理工、包装班长
2职等	—	—	—	—	—	—	—	—	机长（废气处理/复卷/卷装/板装/光膜分切）、机头、配料员、厨师、保安班长
1职等	—	—	—	—	—	—	—	—	生产工、包装工、环卫工、厨工、物料员、保安员

另外，不同的岗位等级是可以互通的，这也是我们平时所说的以岗定级、以级定薪。

4. 绩效结果有助于绩效改进

绩效管理的目的是成就员工，帮助员工成长。当员工绩效不达标时，管理者应该针对达成率较低的指标进行分析，为员工提供指导和建议，帮助和辅导员工，和员工共同制订相应的改进措施，见表7-23。

表7-23　绩效改进计划表

部门		职位	
姓名		绩效考核期限	
绩效评分时间	年　　月　　日	绩效得分	
改进方案			
1.在下个考评期应改进的方面			
2.绩效考评人提供的指导或支持			
3.被考评人具体的绩效改进措施			

（续表）

考评责任人签字： 日期：	被考评人签字： 日期：
下次跟进：绩效改进结果（由绩效考评责任人在上述改进结束后填写）	
考评责任人签字： 日期：	被考评人签字： 日期：

（1）绩效改进与绩效面谈的传统做法。

绩效改进都是一对一进行的，通常叫进门有准备，这个“有准备”主要是指案例，即员工在绩效考核期间工作的过程、方法、结果等。管理者要拿这些案例来正面引导员工，这个事件有做得好的地方，也有做得不好的地方，通过沟通后让员工更有动力。

主要沟通的问题如下：

这个月（季度）你感觉怎么样？

这个月（季度）你哪些方面成长了，收获了什么？

有哪些事是力不从心的？

你需要提升的方面有哪些？

我看到你表现得非常好的地方是……（举出具体的事件）

你的缺点是……对你个人来说，这个缺点意味着什么？

你的职业规划是什么？是否需要公司给予支持？

你对你自己有什么建议，对公司有什么建议？

传统的绩效面谈对管理者的要求较高，花的时间特别多，这种方法比较适合“70后”“80后”的员工，针对“90后”“00后”的员工，管理者要通过系统让员工有自驱力。首先要确定目标与指标，确定好目标后，将目标分解到每个部门和员工，员工针对部门或自己要达成的指标制订计划和执行方案，并且每天围绕要达成的目标进行工作，通过系统记录目标执行的重要节点与过程。等到月（季）度绩效面谈时，员工就会清楚自己的绩效结果与不足。

（2）有针对性的学习培训。

成长是人最大的财富。如果自己没有成长，再高的收入都是低待遇；如果自己成长了，再低的收入都是高待遇。帮助员工成长最有效的方法就是学习与培训，在员工绩效不达标时，管理者需要对绩效不达标的员工进行分析，找到其绩效不达标的原因，明确员工是否应该在目前的职业道路上发展，是否需要培训或调整职业发展规划。如果是由技能方面存在不足造成绩效不达标的，应当作为员工培训发展的依据，人力资源部应协助、配合管理者汇总和归纳总结，并制定培训需求，将培训需求纳入下一次的培训计划中，最后落地实施，见表7-24。

表7-24 工程部年度培训计划

课程名称	培训对象	培训师	课时	培训时间	培训地点	考核形式	完成日期
工程人员变更程序	工程部全体人员		2小时	1月上旬	会议室	现场考核	
磨床保养，冲床保养1	工程部全体人员		2小时	1月下旬	会议室	现场考核	
模具制作标准讲解	工程部全体人员		2小时	2月上旬	会议室	现场考核	
模具机加工讲解1	工程组立人员		2小时	2月下旬	会议室	现场考核	
专业磨床加工讲解	工程组立人员		2小时	3月上旬	会议室	现场考核	
模具维修标准讲解1	工程部全体人员		2小时	3月下旬	会议室	现场考核	

（续表）

课程名称	培训对象	培训师	课时	培训时间	培训地点	考核形式	完成日期
常用机器设备的安全使用1	工程部全体人员		2小时	4月上旬	会议室	现场考核	
模具组立的基本手法1	工程部全体人员		2小时	4月下旬	会议室	现场考核	
模具保养及搬运的注意事项	工程组立人员		2小时	5月上旬	会议室	现场考核	
设计标准讲解1	工程部全体人员		2小时	5月下旬	会议室	现场考核	
投影机的基本使用方法	工程组立人员		2小时	6月上旬	测量室	现场考核	
工程图纸的基本识别	工程组立人员		2小时	6月下旬	会议室	实操	
线切割加工方法与注意事项	工程部全体人员		2小时	7月上旬	会议室	现场考核	
机床设备的安全使用	工程部全体人员		2小时	7月下旬	会议室	现场考核	
工程部的管理制度1	工程部全体人员		2小时	8月上旬	会议室	试卷考核	
现场5S的讲解	工程部全体人员		2小时	8月下旬	模房现场	现场考核	
模具组立的基本手法2	工程组立人员		2小时	9月上旬	会议室	现场考核	
模具维修标准讲解2	工程组立人员		2小时	9月下旬	会议室	现场考核	
日常工作的安全意识	工程部全体人员		2小时	10月上旬	会议室	现场考核	
模具机加工讲解2	工程部全体人员		2小时	10月下旬	会议室	实操	
常用机器设备的安全使用2	工程部全体人员		2小时	11月上旬	会议室	现场考核	

（续表）

课程名称	培训对象	培训师	课时	培训时间	培训地点	考核形式	完成日期
磨床保养，冲床保养2	工程部全体人员		2小时	11月下旬	会议室	现场考核	
工程部的管理制度2	工程部全体人员		2小时	12月上旬	会议室	试卷考核	
设计标准讲解2	工程部全体人员		2小时	12月下旬	会议室	实操	

我们在做企业落地辅导的过程中，很多企业老板反映员工都不愿意参加培训，有些员工就算参加了培训也不认真学习。企业必须重视培训工作，培训是一家企业的重点工作，培训能统一思想、提升技能、提高生产力。员工不愿意参加培训的主要原因是培训的方法存在问题。很多培训老师的培训课程听得让人想睡觉，所以就算有再好的内容，员工也听不进去。

另一个原因是企业在培训结束后没有就培训内容进行统一的考核，对高分者没有进行表扬，培训更是没有跟绩效挂钩。员工以前没有参加过培训，在一些工作上自己不会做或少做，而工资跟参加培训前一样多，所以就没有动力参加培训。有些公司甚至会把工作都压在会做的员工身上，其他员工当然不愿意去学。很多企业的学习与培训都要向员工收取费用，而有些职业，员工则愿意交钱去学习，比如厨师、司机、会计等。企业只有把底层逻辑弄明白了，设计出的机制才能更容易被员工接受。

如何建设“企业大学”呢？

____

____

____

5. 绩效结果：转岗或淘汰员工

当员工绩效考核连续2个月不合格时，企业可考虑依据绩效结果对员工实行岗位转换，做到人尽其才，有效地激发员工的潜能，促进部门内部员工的工作流动。通过岗位转换后，若员工的绩效仍然不达标，企业就需要分析其绩效不好的原因，如果是员工自身的素质和能力不匹配的原因，就要对人员配置作出新规划，决定该员工是否需要转岗，调整该员工的职位，或淘汰该员工（当员工绩效考核不合格时，企业对员工实行转岗后，员工仍不胜任工作，企业可以对员工进行解聘，不需要额外的赔偿）。水不流动就会发臭，同样的道理，员工不流动就不会有动力。在正常情况下，大企业每年的流动率为5%，小企业每年的流动率为10%左右。

（七）达成共识

有些企业对薪酬绩效改革存在顾虑，担心员工会有抵触的心理。以前的工资是按月固定发放的，现在拿出一部分作为绩效工资，员工当月的绩效越高，工资拿得越多，绩效越低，工资拿得越少。

首先，我们需要理解薪酬绩效改革的目的，不是扣工资，而是帮助员工提升能力，提升绩效。企业与员工之间要达成共识。其次，在前期推进薪酬绩效改革时，用1～3个月的时间作为试行期，如果企业以前没有绩效管理，数据不完善，那么在试行期内，绩效不达标的，工资不受影响，绩效达到合格以上等级的，有额外奖励。这时候，员工在心理上会更容易接受。需要注意的是，每个月必须与员工进行绩效面谈，这也是绩效管理的关键环节。员工需要了解自己的绩效结果以及自己的不足之处，如果绩效不达标就会影响自己的工资、奖金、福利。这不是由管理者说了算，而是由员工自己说了算。

有些公司不是在工资上做绩效管理，而是用奖励作为绩效，这对企业的盈利能力有要求。每家企业的绩效工资结构不一样，没有一样的工资体系，就像世界上没有两片完全相同的树叶一样。

企业要在完成每个岗位的绩效设计方案后，以及绩效设计方案实施前，与员工沟通并达成共识，让员工签订绩效责任书并承诺当月要完成各项绩效指标，然后将绩效方案录入系统，最后执行绩效方案。

（八）使用工具

管理者的工作习惯，是战略落地、绩效追踪最有效的工具。

管理者的工作习惯有哪些？具体见图7-6。

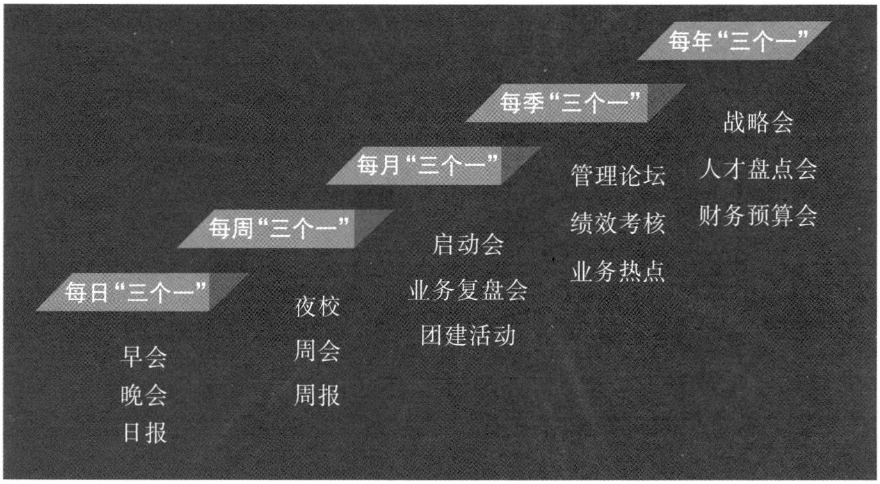

图7-6 管理者的工作习惯

另外，绩效考核不能很好地落地有很多原因，其中一个重要的原因就是没有使用工具。绩效管理包括绩效目标制定、绩效辅导与实施、绩效过程管控、绩效评估、绩效结果应用。这些流程会涉及很多人与大量表格，在数据的提供、汇总、统计上存在一定的工作量。如果此时仅仅用Excel表格进行记录、评分，不仅工作烦琐，也无法保证数据的及时性和准确性，且对个人的能力要求很高，还会导致纸张浪费、沟通与反馈不及时。

管理流程化，流程工具化，选择一款有效的工具会使我们更好地将绩效管理落地。市面上有很多工具，应如何进行选择呢？在本书的最后一章中会作详细的介绍。

第八章 | 绩效考核与培养人才的关系

培养人才是一个非常艰巨的过程。很多企业都设计了一些奖励机制，以鼓励员工，培养更多的人才，比如，管理者培养出一个人才，公司会给予该管理者一定的金额奖励，但是这些方式的效果都不理想。很多高管反映，不是他们不愿意培养，而是员工不愿意学，这跟公司文化和氛围有关，跟公司的人才培养机制有关。大部分中小企业都没有建立健全的标准化人才培养机制，更不要说人才培养的绩效考核机制。

针对不同的员工，企业要建立不同的人才培养机制，可以大致将员工分为四类：

第一类：岗位新人，特点是学习意愿强，但是缺乏方法。

第二类：工作了几个月的员工，特点是能力有所提升但还有待提升，学习意愿开始有所下降。

第三类：工作了1年左右的员工，特点是能够独当一面，但对职业有一些迷茫，好像走到了十字路口一样。

第四类：工作了几年的员工，能独立承担较大项目，对自己职业路线很清晰。

企业如果不能用不同的方法培养这四类员工，会无法建立团队，有可能还会导致老员工离职。

第一类员工是岗位新人，能力比较弱，千万不要授权他去单独完成某个项目，除非你有百分之百的把握，可以要求他按照公司的流程做事。作为管理者，要针对岗位新人做好培训计划，对各种能力进行分拆，分阶段对员工进行个性化培训，具体见表8-1。

表8-1 员工成长轨迹表

姓名	优劣势	辅导了什么	改进了什么	下次辅导时间	员工签名

从员工进入公司开始，公司就要给这名员工配一名主管，这名主管要对这名员工的成长负责，要与他进行一对一的沟通，了解他的真实想法，找到他的优势与劣势，并认真记录在员工成长轨迹表上，并针对他所欠缺的或公司需要的能力对其进行辅导。比如，这一周，这名主管要给员工辅导工作技能，就要通过一对一的方式有针对性地指导员工，通常可以用“十六字”辅导方针——“我做你看，我说你听，你做我看，你说我听”，直到他学会为止。再比如，下次的辅导时间是一周后，一周后这名主管就要针对上次辅导的内容进行检查。如果这名员工能熟练掌握上次辅导的内容，该主管就为其辅导新的内容，同时要求他签名确认；如果他没有熟练掌握，就继续辅导上次的内容，直到他熟练掌握为止。

员工成长轨迹表记录了员工成长的过程，员工能清楚地从表中看到自己到这家公司之后的成长轨迹，员工和他的主管看到这张表格也会产生成就感。我们在落地执行过程中，员工的主管往往不愿意去填这张表格，认为太麻烦，比较多余。因此，上级管理者在开周会的时候必须检查员工的主管对这张表格的执行情况，并对做得不好的或者不认真辅导员工的主管进行扣分，同时把主管晋升和年终奖与其培养人才的数量进行挂钩。

如果按照这种方法培养每个进入公司的员工，公司员工的成长就能做到标准化，管理者与员工之间的情感也会更紧密，员工成长轨迹表可以随着员工的转岗而转交给员工的新主管，这样新主管能充分了解员工的能力，提高管理效率。

如果员工要离职，公司在这张表格盖上公章，将其作为礼物送给员工，员工一定会好好保存这张表格，这是他付出汗水的结晶，员工也可以将这张表格作为下一份工作的介绍信。

第二类员工的辅导方法跟第一类员工的辅导方法差不多，主管在做决策的时候，可以适当地让这名员工参与讨论，听听他的意见，最终需要主管来拍板。主管要正面引导员工，让员工在成长的路上加快脚步。

第三类员工在本职工作上已具备一定的能力，公司可以考虑给他们一些资源，可以授权一些小项目给他们，在进行项目决策时可以让他们一起来做决定。这类员工在这个阶段需要的能力会更多，比如沟通能力、培训能力、管理能力等，要培养这些能力，公司可以采取培养第一类员工的方式培养这类员工。

这些能力如何量化呢？见表8–2至表8–4。

表8–2　员工沟通能力等级

员工的沟通能力	
一级沟通能力	能说会听
二级沟通能力	向上级提出公司的不足之处
三级沟通能力	可以进行一对多的演讲
四级沟通能力	可以处理公司的公关危机，能接受采访等

表8–3　员工培训能力等级

员工的培训能力	
一级培训能力	能一对一地辅导员工
二级培训能力	能一对多地培训员工本职工作的技能
三级培训能力	能一对多地培训员工企业文化
四级培训能力	能一对多地讲解公司产品，完成销售业绩，推广公司品牌

表8-4 员工管理能力等级

员工的管理能力	
一级管理能力	目标清晰，并能系统地分配工作任务
二级管理能力	能建立明确的绩效标准，并依据标准检视员工目标进度
三级管理能力	能为员工创造合适的发展空间，善于激励团队，使团队效用达到最大化
四级管理能力	能够清晰地判断企业所处环境，并能准确地把握企业的发展方向，选择有利于企业发展的管理模式与业务战略

千万不要把第四类员工变成保姆型员工，这类员工的能力和经验都非常丰富，只需要做好分配机制，授权给他们并且充分地信任他们。这类员工是公司的精英，是公司的接班人，公司要考验的是他们的眼光、胸怀和格局。

1.请补充填写你的公司对员工管理能力的等级要求。

2.浅谈员工培养对你的公司发展的影响。

____

____

____

第九章 | 绩效考核与积分制管理的关系

一、什么是积分制管理

简单来说，积分制管理就是用积分（奖分和扣分）对员工的能力和综合表现进行全方位的量化考核，并用软件进行记录，把各种福利及荣誉与积分的名次挂钩，目的是全方位调动员工的积极性。

积分制管理中的积分通常指的是B分，跟员工的福利待遇、奖金、分红等挂钩，能充分调动员工的积极性，使员工更容易接受。同时，员工通过主动挣积分获得更多的福利待遇，培养好的习惯，主动地去做事，提高执行力。**B分主要考核的是员工做人，绩效分主要考核的是员工做事。**

在企业中用积分制管理是奖得多、扣得少，有关积分制管理的用法可以参考图书《倍增管理1+1+1模式——让你的业绩快速增长3倍以上》。

积分制管理的积分怎么用？举个例子，很多生产型企业都在用计件的方式来计算员工的工资，计件工资本身就是非常合理的分配方式，让员工多劳多得，员工干得多就拿得多，简单的事件重复做，越做越好。但事与愿违，管理者在管理员工、激励员工时也会遇到困难，主要有以下几种问题：

（1）质量问题严重，员工只求数量不求质量。

（2）员工的合作意识差，团队没有凝聚力。

（3）员工越来越自私，只关注自己的利益。

（4）好做的事都抢着做，不好做的事就推三阻四。

（5）不能持续地激励员工，员工赚了钱之后就想休息一段时间再上班。

出现这些问题的两大主要原因如下：

（1）使用计件工资方式的公司的员工大多文化水平不高。

（2）公司的分配机制有问题。

最佳的解决方式就是通过积分制的方式进行二次分配，调动员工的积极性，同时设置计件工资级别制，能使产量及质量合格率高的员工拿的提成高，具体见图9-1，还要设置当月的产量来决定下个月的提成等级。这样做的目的是持续调动员工积极性。

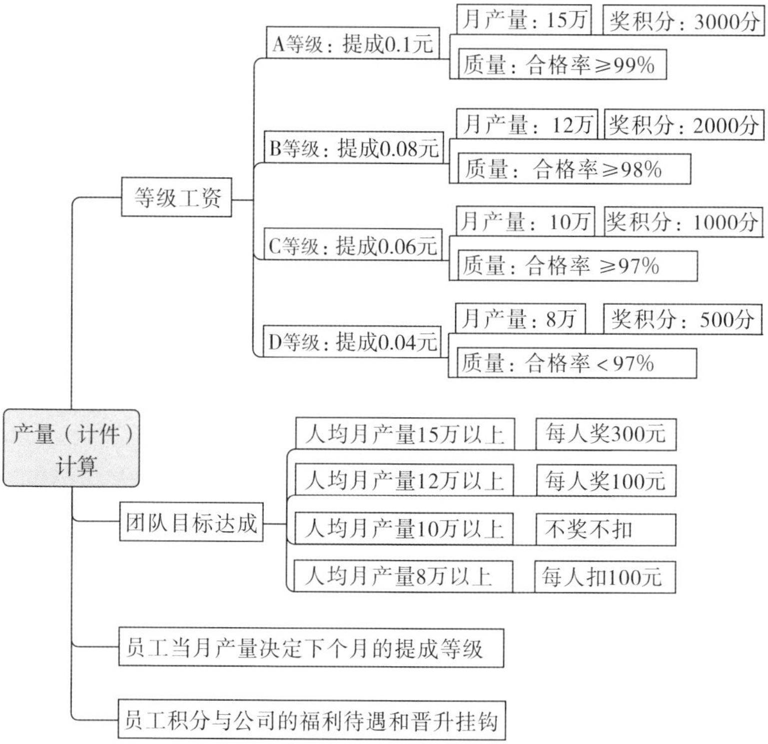

图9-1 产量（计件）计算标准

按员工当月的提成等级奖励积分，员工的提成等级达到A等级，奖励3000分；达到B等级，奖励2000分；达到C等级，奖励1000分；达到D等级，奖励500分。

以上是计件工资的其中一种方法，管理者使用这种方法进行管理往往很累，而且会面临招人难的问题。我们在落地实施绩效管理的时候，会通过“计件工资+自运营”的模式运作，也不用担心人才流失问题。

我们在辅导企业的时候，发现很多企业执行力较弱，大多是由于过程管控不到位。正所谓细节决定成败，细节是由一点点的事情积累起来的，这些小的事情如果没有管理好，就会演变成阻碍企业发展的大问题。

用绩效去管过程，员工很难接受，而且管理者在执行过程中会出现偏差，这时候积分制管理就是最好的工具。

二、积分制管理的实施运用

积分制管理如何实施应用？首先，要从企业的问题和时间出发，以解决问题和关键事件为导向。其次，把问题和事件转化为奖扣分（图9-2）。最后，把奖扣分与公司的相关福利待遇挂钩。

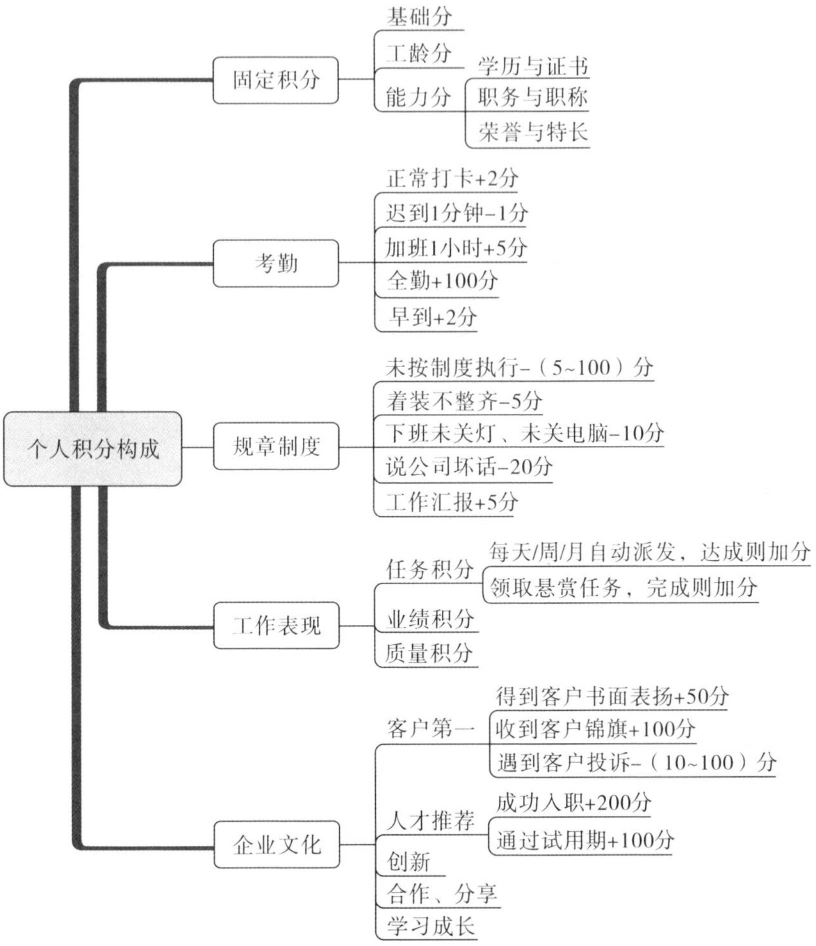

图9-2　个人奖扣分

如何运用到企业的各种管理场景中？

我们服务过很多家企业，下面跟大家分享一些案例。一家以家电销售为主的门店，店内产品陈列不规范，卫生没有标准，自身要求不严，管理无法达到旗舰店标准。我们把遇到的问题转换为奖扣分，门店卫生、干净，遵循整洁、指导购买、方便销售的标准陈列商品，督导检查表现最优秀者每次加5分。那么，表现不合格的要不要扣分？我们需要考虑奖扣分的目的和积分的应用。由于积分制管理是用排名，不给员工加分实际上就是扣分，只是处罚没有那么直接，只有员工在多次犯错误的时候，才会采取扣分。

在上述案例中，企业在没有推行积分制管理的时候，管理者发现员工打扫卫生不认真，只能口头提醒，出现次数多了就懒得提醒员工了，执行力偏弱。现在有了奖扣标准，管理者通过奖分做到点对点地激励、认可员工，如果员工犯错，可以通过扣分及时提醒他，屡次发生的，还可以通过双倍扣分以加强提醒信号。只有将积分与员工每月的福利待遇挂钩，员工才会重视积分，把门店打扫得干干净净，从而使所有的工作都按标准流程执行。

再举个例子，一家从事口腔医疗的公司，其医生、护士不爱学习，不积极参与公司提供的学习培训，老板对此感到非常头痛。但公司每次安排学习，员工都表示没有时间，我们认为越是繁忙就越需要学习。这时，公司可以设定一个积分规则，建立学习标准和机制，用积分与组织者、学员绑定。组织学习的，每周加50分；每周忘记组织学习或未组织学习的，第一次扣20分，第二次扣30分，第三次扣50分。参加学习的学员，每次加5分；主动分享学习成果的，根据具体情况由组织者加2～10分；不参加学习的，不扣分；不主动分享的，不扣分，做到开放式管理。公司营造浓厚的学习氛围后，参加学习的学员就会影响那些未参加学习的学员，学习文化就会慢慢建立起来。公司有很多场景都可以采取这种方法，比如举办活动，员工不愿意参加；分外事没有人愿意做；等等。

三、积分制与绩效关联的应用

员工有了积分后，如何与绩效关联起来，如何让员工主动去挣积分？这是积分制落地成败的关键。

员工为什么愿意去挣积分？只有一个答案，就是积分有用。

积分的应用是企业“一把手”为了激励员工而要绞尽脑汁去思考的问题，针对企业的不同发展阶段，激励的方式肯定不一样，但万变不离其宗，那就是要理解人性。要理解员工想要什么，比如积分可以与绩效挂钩，可以把排名靠前的员工的积分转化成绩效分，并把它转换成钱的概念，让员工知道挣积分跟绩效工资相关；积分与年终奖挂钩。假设当年的年终奖是40万元，公司可以拿出10万元，按一定比例奖励给积分排名靠前的员工；积分与晋升挂钩，凡是积分排名靠前的员工可以优先获得晋升机会；积分与涨工资挂钩，可以把涨工资设置成三个等级，积分的高低与涨工资的等级对应。

积分的应用还有很多，如果想要深入地了解，可以通过我们线下的课程进行学习。

第十章　各行业绩效实操案例

一、生产制造业薪酬绩效设计案例

当下，生产制造业处于转型升级的关键时刻，利润不断下降，成本不断增加，企业想要做大做强，不重视管理，怎么可能赚取更多的利润呢？如何才能让生产制造型企业持续发展，并立于不败之地呢？

根据多年的经验，我认为未来生产制造业所有的竞争一定是效率的竞争，每个生产制造型企业的老板都要认真地思考如何提高企业的生产效率，效率提高了才会有创新，才会有属于自己的具有核心竞争力的产品；效率提高了才能保证所有订单都保质保量地完成；效率提高了才会让价格有竞争优势，价格有竞争优势，企业自然不愁没有客户；效率提高了才会有好的服务。生产制造型企业如何才能提高效率呢？

好的管理能提高效率，优化流程能提高效率，培训员工能提高效率。其中，企业经营过程中最难的是管理，人的因素变化太大，企业必须有一套完整的机制，这套机制就是本书给大家介绍的内容。阅读和理解本书之后，制定一套适合公司的机制，坚持去执行，才能取得一个很好的结果。

你相信公司的司机提供的一条信息能给公司带来高额的利润吗？我们曾服务一家化工企业，这家企业在推行绩效管理之前，司机只负责送货，把货送到客户那里就不再关注别的事情，更不用说给公司带来高额的利润；推行绩效管理之后，鼓励司机挣积分，将司机当月的积分转化成一定比例的绩效，绩效与福利待遇挂钩。

此后，司机每次送货的时候都会重点关注客户有没有使用竞争对手的样品，如果发现有，就会及时上报给相关负责人，相关负责人提前联系客户，了解客户的具体情况，及时挽回客户，避免公司受到损失。有一次，司机发现客户的仓库有别的同类产品，这说明客户在使用别的公司的产品，司机为了挣积分，积极主动地把这条有效信息提供给了相关负责人，由此避免了多年合作的客户被同行撬走。有时候，客户对公司的产品在某方面不满意，但不反馈给该公司而是去找别的供应商，这种情况如果不能及时被发现，该公司的损失就很大，好不容易开发的客户就会被别人撬走。

因此，公司想要提高效率，鼓励全员为公司创造绩效，就需要制定一套适合公司的机制。当员工提供一条有效的信息时，公司要给他加分；当技术研发人员改进一点技术时，公司也要及时给他加分，让他更有动力开发更好的产品。

有一家生产路由器、交换机的企业，客户在使用其产品的过程中发现路由器出现问题，经过多次检测，技术人员发现是路由器上的老鼠尿导致了线路短路，最后技术人员只是换了一根防水的线就把问题解决了。

只是换了一条线就解决了公司产品的质量问题，这不仅能提升公司的品牌信誉度，还能提高公司的利润。就这个事件，公司要不要奖励员工？怎么奖励？奖励的标准是什么？

在很多人看来，这是一件小事，我却认为要及时地激励员工。

关键是公司奖励什么。对公司来说，奖励钱会产生成本，什么事都奖励钱也不是好事，但公司又要鼓励员工，用什么方式最好呢？

用积分。技术员发现问题，给技术员加分。如果是其他人发现问题，我也愿意给其他人加高分，前提是把积分转化成福利待遇，转化为一定的绩效，并与工资及福利待遇挂钩。

公司要用积分来鼓励全体员工为公司的产品创新做出应有的贡献，要对产品创新项积分高的员工进行高额的奖励，鼓励更多人创新。其实公司只要做好以下几点就可以了：

（1）提出有效的建议，加5分。

（2）提出的建议能给公司带来效益或得到管理者的认可，加20～10000分。

（3）对产品的技术改良给公司带来效益，加50～10000分。

其实创新的形式有很多种，不仅仅是产品的改良，流程的创新、管理的创新、营销模式的创新也是创新。用积分去激励全体员工，改善公司未完善的地方，就能给公司创造更多的价值！

公司的产品质量就是公司的生命力，产品质量是由多个因素组成的。比如原材料的质量，机器设备的性能，是否严格按照公司流程执行生产，员工的能力、行为、态度等。积分规则需要围绕这些因素设置。员工行为的规范不是靠罚款就能解决的，而是要靠公司对员工的反馈。

反馈分为正面反馈和负面反馈。正面反馈就是当员工做对一件事情时，公司要及时认可他，告诉他什么事是被认可的。任何人都希望被别人认可，当下很多企业的管理者都不知道怎么去认可员工，他们认为给员工高工资就可以了。负面反馈就是当员工做错了一件事情时，要及时将结果反馈给他，告诉他哪些方面需要注意，避免下次再犯同样的错误，绝不能用责骂、扣钱的方式去处罚他。在积分制管理中，员工做好了，给他奖励分数，做得越好，分数越高，这就是对员工的认可和反馈。积分制管理还能做到奖励一个人、激励全体员工，因为奖励分数是公开、透明的，员工都能看到。当员工做错了，对其进行扣分，这会起到提醒的作用，也会起到教育的作用，这样就能鼓励员工做出好的行为，抑制员工做出不好的行为，让整个公司都充满正能量。

不管公司怎么去把控产品质量，或多或少都会出现一些问题，要想使产品百分之百没有问题，靠的就是品质管理。在品质管理上，如果用传统的方法对品管员进行管理，当品管员发现产品质量有问题时其内心是不开心的，有时候甚至会睁一只眼闭一只眼，导致产品质量出现问题，品管员也没有将信息及时反馈给管理者。推行了绩效管理后，我们就可以设置衡量标准，品管员发现产品有问题，以产品出货合格率及产品检验准时率作为考核指标，产品出货合格率越高，说明品管员在品质环节把控上越严谨，绩效得分就越高。同时，若品质检验准时且没有出现客户投诉的情况，可以额外给品管员加绩效分。在这种情况下，品管员就会更加细心地检查产品，把控产品出厂的环节。

当员工能力不行时，通过什么方式来提升员工的能力呢？前面提到的“十六字”辅导方针，即“我做你看，我说你听，你做我看，你说我听”，就是培养员工能力最简单的方法。

关键是怎么去落地。通过积分制管理，用PK的方法去落实“十六字”辅导方针，比如，把员工分为A、B两组进行PK，每个组由组长和组员组成，有能力的且愿意当组长的人可以加100分。如果A组赢了就可以额外给组长加500分，这个时候组长就有动力了，参加有分数奖励，赢了也有额外的分数奖励。组员之间也可以通过奖励分数的方式受到鼓励，表现得越好的那个人的积分就越高，这样就提高了组员学习的积极性。

这种PK活动，公司能在很多方面开展，比如业绩PK，新客户增加量PK。有了PK就有对比，员工都是要面子的，何况积分高的组员还能获得各种福利待遇。通过积分的方式，员工能力的培养更容易量化、落地。很多企业也在使用这一方法，但每次PK后积分就没有作用了，这样是不行的，积分要转化成员工长期的利益，这样员工的动力才会更强。

对于无法量化的一些工作，比如，机器设备的保养问题，可以以承包制的方式，每个月固定给专门管理的人员奖励积分。又比如，每个人都必须按照公司的流程执行任务，未按照流程执行且给公司带来损失的，就要遭到高额的扣分；为公司提供产品质量改善的建议并得到管理者认可的，奖励20～1000分。当然，公司需要根据实际情况设置具体的标准，这样做是不是更容易激励员工，提高员工的效率呢？

相同质量的产品想在市场上取得好的销量，价格是其中的重要因素，而价格是由成本决定的，公司想要获得高利润，最重要的就是要降低成本，所以公司全体人员都要想尽各种办法为公司节约成本。在公司里，谁会重视成本呢？答案一定是老板，因为公司是老板的，所有浪费的钱都是老板的钱。如果要激励所有员工节约成本，必须设置机制，传统管理中用得最多的方法就是罚款，但是今天很多企业都不敢罚款。但不罚款，员工就不会在乎成本，因为成本不需要自己承担，公司赚不赚钱与员工没有关系，就算公司亏本了，员工获得的工资也一分不少。

企业需要通过绩效考核引导员工节约成本，如管理的费用、生产损耗率等同比下降要给员工加分，同比上涨则要扣分；人均效率有提高时，就要给管理者加分；当月度目标或者生产量超额完成时，可以给予额外的奖励。扣分和加分不只跟当月工资挂钩，还要跟员工的一切福利待遇挂钩，这样员工就会重视起来。

我们服务过一家生产制造型企业，在找我们落地实施绩效管理之前，这家公司的年营业额不到2000万元，而且亏了100多万元。为什么会亏本呢？原因是员工不重视成本，在管理上出现问题。公司推行绩效管理之后，全员重视成本，公司的净利润提高了25%。

以前客单价高的时候，公司可以忽略一些成本，但随着人工成本的增加，各种物价上涨，信息变得透明，产品价格并没有得到提高，企业的利润反而越来越少。这个时候，企业的管理者只有把企业管理好，降低成本，才会给企业带来可观的利润。

企业管理中最难解决的就是提高员工的积极性、执行力的问题，一套可量化的绩效激励方案可以让员工目标明确并朝着同一个方向努力，只有这样，企业才能立于不败之地。

以下是一家生产制造型企业的管理方案，供大家参考，见表10-1至表10-13。

表10-1　某工厂岗位薪资结构标准

职位	薪资结构（占比）			
	基本工资	岗位工资	绩效工资	目标超额奖
厂长、经理、产品经理	20%	35%	45%	10%～30%（额外）
主任、主管	30%	30%	40%	—

表10-2　某工厂生产厂长的绩效考核方案

序号	指标绩效分	指标名称	指标值	说明/衡量标准	评分规则		数据提供
					公式	扣分值	
1	15	产量达成率	100%	产量达成率=实际产量÷产量目标×100%	得分=实际达成率×指标分，最高得满分	—	财务部
2	15	炉渣产量达成率	100%	炉渣产量达成率=（铜砂实际产量+铁砂实际产量）÷（铜砂产量目标+铁砂产量目标）×100%	得分=实际达成率×指标分，最高得满分	—	财务部
3	15	生产制造费用率	≤12%	生产制造费用控制情况	1.实际值≤指标值，得满分； 2.实际值>指标值，得分=指标绩效分-（实际值-指标值）×扣分值，最低得0分	500	财务部
4	10	管理费用率	≤8%	管理费用控制情况	1.实际值≤指标值，得满分； 2.实际值>指标值，得分=指标绩效分-（实际值-指标值）×扣分值，最低得0分	500	财务部
5	10	铜砂综合损耗率	≤5%	铜砂综合损耗率=铜砂投入产出损耗率	1.实际值≤指标值，得满分； 2.实际值>指标值，得分=指标绩效分-（实际值-指标值）×扣分值，最低得0分	500	财务部
6	10	铁砂综合损耗率	≤2%	铁砂综合损耗率=铁砂投入产出损耗率	1.实际值≤指标值，得满分； 2.实际值>指标值，得分=指标绩效分-（实际值-指标值）×扣分值，最低得0分	500	财务部
7	15	综合缴库一级率	≥75%	月度整体品质情况，按照缴库质量等级评定	1.实际值≥指标值，得满分； 2.实际值<指标值，得分=指标绩效分-（指标值-实际值）×扣分值，最低得0分	50	品管部
8	10	炉渣内部不良率	≤1.3%	炉渣内部不良率=（铜砂不良数量+铁砂不良数量）÷（铜砂实际产量+铁砂实际产量）×100%	1.实际值≤指标值，得满分； 2.实际值>指标值，得分=指标绩效分-（实际值-指标值）×扣分值，最低得0分	500	品管部
9	100	小计：	—	—	—	—	—

表10-3　某工厂工程部经理绩效考核方案

序号	指标绩效分	指标名称	指标值	说明/衡量标准	评分规则		数据提供
					公式	扣分值	
1	30	生产制造费用率	≤12.67%	生产制造费用控制情况	1.实际值≤指标值，得满分； 2.实际值＞指标值，得分=指标绩效分－（实际值–指标值）×扣分值，最低得0分	800	财务部
2	25	回收率	≥82.5%	回收率=回收产品数量÷（产品数量+车间领用产品数量）×100%	1.实际值>77%，得分=25+（实际值–77%）×100，最高得满分 2.实际值≤77%，得分=25–（目标值–实际值）×100,最低得0分	—	财务部
3	20	尾砂滞留	零影响	尾砂处理及时，不影响生产	1.实际值≤指标值，得满分； 2.实际值＞指标值，得分=指标绩效分－（实际值–指标值）×扣分值，最低得0分	10	生产部
4	10	月度故障时间	≤6小时/台	月度故障时间=机器故障时间÷产品数量	尾砂处理及时，不影响生产得满分；影响生产导致停工，此项得0分	10	生产办
5	5	重大消防安全事故	0次	无消防安全事故发生	得分=指标绩效分–（实际值–指标值）×扣分值，最低得0分	3	安全环保部
6	5	重大环保泄漏事故	0次	无环保泄漏事故发生	得分=指标绩效分–（实际值–指标值）×扣分值，最低得0分	3	安全环保部
7	5	工伤事故控制	≤3次	费用大于500元的工伤事故控制	得分=指标绩效分–（实际值–指标值）×扣分值，最低得0分	2	人力资源部
8	100	小计：	—	—	—	—	—

表10-4 某工厂技术经理绩效考核方案

序号	指标绩效分	指标名称	指标值	说明/衡量标准	评分规则		数据提供
					公式	扣分值	
1	20	产品毛利率	≥18.69%	产品毛利率=（产品销售收入−产品销售成本）÷产品销售收入×100%	1.实际值≥指标值，得满分； 2.实际值＜指标值，得分=指标绩效分−（指标值−实际值）×扣分值，最低得0分	1000	财务部
2	20	公司冲单率	≤0.2%	客户月度质量问题冲单控制情况	1.实际值≤指标值，得满分； 2.实际值＞指标值，得分=指标绩效分−（实际值−指标值）×扣分值，最低得0分	2000	品管部
3	10	新产品销售额	≥380万元	新产品和提供劳务的金额（不含税）	实际得分=实际值÷指标值×指标绩效分	—	财务部
4	15	炉渣内部不良率	≤1.1%	炉渣内部不良率=（铜砂不良数量+铁砂不良数量）÷（铜砂实际产量+铁砂实际产量）×100%	1.实际值≤指标值，得满分； 2.实际值＞指标值，得分=指标绩效分−（实际值−指标值）×扣分值，最低得0分	2000	品管部
5	15	综合缴库一级率	≥69%	月度整体品质情况，按照缴库质量等级评定	1.实际值≥指标值，得满分； 2.实际值＜指标值，得分=指标绩效分−（指标值−实际值）×扣分值，最低得0分	100	品管部
6	10	新产品开发结案率	≥32%	通过现在的OA流程对“试产开发流程”进行统计（当月的“试产开流程”结案占当月所有试产开发流程的比例）	1.实际值≥指标值，得满分； 2.实际值＜指标值，得分=指标绩效分−（指标值−实际值）×扣分值，最低得0分	30	技术部
7	10	生产维护结案率	≥98%	“生产异常单”，有时间要求的在要求时间内回复，无时间要求的在24小时内回复，以OA系统统计时间为准	1.实际值≥指标值，得满分； 2.实际值＜指标值，得分=指标绩效分−（指标值−实际值）×扣分值，最低得0分	50	生产办
8	100	小计：	—	—	—	—	—

表10-5　某工厂研发工程师绩效考核方案

序号	指标绩效分	指标名称	指标值	说明/衡量标准	评分规则		数据提供
					公式	扣分值	
1	20	产品毛利率	≥15.19%	产品毛利率=（产品销售收入−产品销售成本）÷产品销售收入×100%	1.实际值≥指标值，得满分； 2.实际值＜指标值，得分=指标绩效分−（指标值−实际值）×扣分值，最低得0分	1000	财务部
2	20	公司冲单率	≤0.8%	客户月度质量问题冲单控制情况	1.实际值≤指标值，得满分； 2.实际值＞指标值，得分=指标绩效分−（实际值−指标值）×扣分值，最低得0分	2000	品管部
3	20	炉渣内部不良率	≤1.8%	炉渣内部不良率=（铜砂不良数量+铁砂不良数量）÷（铜砂实际产量+铁砂实际产量）×100%	1.实际值≤指标值，得满分； 2.实际值＞指标值，得分=指标绩效分−（实际值−指标值）×扣分值，最低得0分	2000	品管部
4	20	缴库一级率	≥68%	月度整体品质情况，按照缴库质量等级评定	1.实际值≥指标值，得满分； 2.实际值＜指标值，得分=指标绩效分−（指标值−实际值）×扣分值，最低得0分	100	品管部
5	10	生产维护结案率	≥94%	“生产异常单”，有时间要求的在要求时间内回复，无时间要求的在24小时内回复，以OA系统统计时间为准	1.实际值≥指标值，得满分； 2.实际值＜指标值，得分=指标绩效分−（指标值−实际值）×扣分值，最低得0分	50	生产办
6	10	铜砂除渣	≤4吨/月	铜砂除渣，减少铜砂废料数量=铜砂产生的实际废料数量	1.实际值≤指标值，得满分； 2.实际值＞指标值，得分=指标绩效分−（实际值−指标值）×扣分值，最低得0分	1	仓储部
7	100	小计：	—	—	—	—	—

表10-6 某工厂客服主管绩效考核方案

序号	指标绩效分	指标名称	指标值	说明/衡量标准	评分规则		数据提供
					公式	扣分值	
1	40	公司冲单率	≤0.8%	客户月度质量问题冲单控制情况	1.实际值≤指标值，得满分； 2.实际值>指标值，得分=指标绩效分-（实际值-指标值）×扣分值，最低得0分	2000	品管部
2	20	批量性质量事故	0单	按照炉渣缴库核算，当月同一时段生产的同一问题的产品	得分=指标绩效分-单数×扣分值，最低得0分	3	品管部
3	20	重点产品抽检率	≥55%	重点产品抽检率=月度重点产品抽检数量÷月度重点产品总数量×100%	1.实际值≥指标值，得满分； 2.实际值<指标值，得分=指标绩效分-（指标值-实际值）×扣分值，最低得0分	50	品管部
4	20	综合管理	良好	日常品质检查情况、品质改善督促情况、不良品清理情况，以及对生产一线员工日常作业的检查情况	得分=评定等级率×指标分，最高得满分（等级分为优秀、良好、一般、较差、很差，等级率为0%~100%）	—	总经理
5	100	小计：	—	—	—	—	—

表10-7　某工厂车间主任绩效考核方案1

序号	指标绩效分	指标名称	指标值	说明/衡量标准	评分规则		数据提供
					公式	扣分值	
1	20	炉渣产量达成率	98%	炉渣产量达成率=铁砂实际产量÷炉渣产量目标×100%	得分=实际达成率×指标分，最高得满分	—	财务部
2	15	炉渣综合损耗率	≤4%	炉渣综合损耗率=炉渣投入产出损耗率	1.实际值≤指标值，得满分； 2.实际值>指标值，得分=指标绩效分-（实际值-指标值）×扣分值，最低得0分	1000	财务部
3	20	内部不良率	≤1.5%	内部不良率=内部检出责任部门为车间的铁砂数量÷总产量×100%	1.实际值≤指标值，得满分； 2.实际值>指标值，得分=指标绩效分-（实际值-指标值）×扣分值，最低得0分	1000	品管部
4	5	质量冲单率	≤180元/万平方米	质量冲单率=责任部门的冲单金额÷月度炉渣总产量	1.实际值≤指标值，得满分； 2.实际值>指标值，得分=指标绩效分-（实际值-指标值）×扣分值，最低得0分	0.5	品管部
5	10	电耗	≤140千瓦时/万平方米	电耗=机械用电÷产量	1.实际值≤指标值，得满分； 2.实际值>指标值，得分=指标绩效分-（实际值-指标值）×扣分值，最低得0分	0.5	生产部
6	10	单耗	≤1.8吨/万平方米	单耗=用量÷产量	1.实际值≤指标值，得满分； 2.实际值>指标值，得分=指标绩效分-（实际值-指标值）×扣分值，最低得0分	15	生产部
7	20	综合管理	良好	人员管理、设备管理、物料管理、现场管理、生产作业规范及安全管理	得分=评定等级率×指标分，最高得满分（等级分为优秀、良好、一般、较差、很差，等级率为0%~100%）	—	生产经理
8	100	小计：	—	—	—	—	—

表10-8 某工厂车间主任绩效考核方案2

序号	指标绩效分	指标名称	指标值	说明/衡量标准	评分规则		数据提供
					公式	扣分值	
1	20	产量达成率	98%	产量达成率＝实际产量÷产量目标×100%	得分＝实际达成率×指标分，最高得25分	—	财务部
2	15	损耗率	≤1.5%	内部损耗控制情况，按投入产出计算	1.实际值≤指标值，得满分； 2.实际值＞指标值，得分＝指标绩效分－（实际值－指标值）×扣分值，最低得0分	120	财务部
3	20	缴库一级率	≥52%	月度品质情况，按照缴库质量等级评定	1.实际值≥指标值，得满分； 2.实际值＜指标值，得分＝指标绩效分－（指标值－实际值）×扣分值，最低得0分	120	品管部
4	5	质量冲单率	≤8.5元/万平方米	质量冲单率＝责任部门为各机台的冲单金额÷月度总产量	1.实际值≤指标值，得满分； 2.实际值＞指标值，得分＝指标绩效分－（实际值－指标值）×扣分值，最低得0分	0.5	品管部
5	10	呆滞品入库率	≤1%	呆滞品入库率＝实际呆滞品入库数量÷月度产量×100%	1.实际值≤指标值，得满分； 2.实际值＞指标值，得分＝指标绩效分－（实际值－指标值）×扣分值，最低得0分	900	生产办
6	5	总电耗	≤69千瓦时/万平方米	总电耗=总用电÷总产量	1.实际值≤指标值，得满分； 2.实际值＞指标值，得分＝指标绩效分－（实际值－指标值）×扣分值，最低得0分	0.5	生产部
7	5	单耗	≤0.2吨/万平方米	单耗=总用量÷总产量	1.实际值≤指标值，得满分； 2.实际值＞指标值，得分＝指标绩效分－（实际值－指标值）×扣分值，最低得0分	15	生产部
8	20	综合管理	良好	“人机料法环”：人员管理、设备管理、物料管理、现场管理、生产作业规范及安全管理	得分=评定等级率×指标分，最高得满分（等级分为优秀、良好、一般、较差、很差，等级率为0%～100%）	—	生产经理
9	100	小计：	—	—	—	—	—

表10-9 某工厂机电维修主管绩效考核方案

序号	指标绩效分	指标名称	指标值	说明/衡量标准	评分规则		数据提供
					公式	扣分值	
1	30	设备维修与改造完成率	98%	设备维修与改造完成率=设备维修与改造完成单数÷受理的设备维修与改造单数×100%	得分=设备维修与改造完成率×指标分，最高得满分	—	工程经理
2	30	月度故障时间	≤6小时/台	月度故障时间=故障时间÷设备数量	1.实际值≤指标值，得满分； 2.实际值>指标值，得分=指标绩效分-（实际值-指标值）×扣分值，最低得0分	1	生产办
3	20	公司单耗	≤4.8吨/万平方米	公司单耗=公司维修总费用÷（铜砂产量+铁砂产量×30%）	1.实际值≤指标值，得满分； 2.实际值>指标值，得分=指标绩效分-（实际值-指标值）×扣分值，最低得0分	10	生产经理
4	20	综合管理	良好	设备管理、安全管理、人员管理及员工作业规范等	得分=评定等级率×指标分，最高得满分（等级分为优秀、良好、一般、较差、很差，等级率为0%~100%）	—	工程经理
5	100	小计：	—	—	—	—	—

表10–10 某工厂生产计划主管绩效考核方案

序号	指标绩效分	指标名称	指标值	说明/衡量标准	评分规则		数据提供
					公式	扣分值	
1	20	产量达成率	98%	产量达成率=实际产量÷产量目标×100%	得分=实际达成率×指标分，最高得满分	—	财务部
2	20	炉渣产量达成率	95%	炉渣产量达成率=炉渣实际产量÷炉渣产量目标×100%	得分=实际达成率×指标分，最高得满分	—	财务部
3	15	炉渣库存周转率	≤70%	炉渣库存周转率=炉渣合格品÷炉渣销售数量×100%	1.实际值≤指标值，得满分； 2.实际值＞指标值，得分=指标绩效分–（实际值–指标值）×扣分值，最低得0分	100	财务部
4	5	存货周转天数	≤80天	存库周转天数=80÷存货周转率	1.实际值≤指标值，得满分； 2.实际值＞指标值，得分=指标绩效分–（实际值–指标值）×扣分值，最低得0分	0.5	财务部
5	20	订单按时交付率	≥98%	现有机台产能内： 1.A机台7天以内，完成98%； 2.B机台8天以内，完成98%； 3.C机台10天以内，完成98%	1.实际值≥指标值，得满分； 2.实际值＜指标值，得分=指标绩效分–（指标值–实际值）×扣分值，最低得0分	10	客服部
6	20	综合管理	良好	订单管理、物料管理、库存管理、人员管理及作业规范等	得分=评定等级率×指标分，最高得满分（等级分为优秀、良好、一般、较差、很差，等级率为0%～100%）	—	生产经理
7	100	小计：	—	—	—	—	—

表10-11　某工厂生产仓储主管绩效考核方案

序号	指标绩效分	指标名称	指标值	说明/衡量标准	评分规则		数据提供
					公式	扣分值	
1	25	仓储出货准时完成率	0单欠货	按照“出货计划表”预交日期，且属于仓库的责任进行统计	得分=指标绩效分-欠货单数×扣分值，最低得0分	2	生产办
2	25	仓储投诉控制	≤3单	按照“制令单”预交日期统计	1.实际值≤指标值，得满分； 2.实际值>指标值，得分=指标绩效分-（实际值-指标值）×扣分值，最低得0分	2	品管部/客服部
3	20	仓储财务准确性	100%	仓储财务数据的准确性	得分=指标绩效分-（目标值-实际值）×扣分值，最低得0分	150	财务部
4	10	包装组包材单耗	≤48元/万平方米	包装组包材单耗=包装组领用包材费用÷（铜砂产量+铁砂产量+上光膜产量×25%）	1.实际值≤指标值，得满分； 2.实际值>指标值，得分=指标绩效分-（实际值-指标值）×扣分值，最低得0分	0.15	生产经理
5	20	综合管理	良好	物料进出管理、6S管理、安全管理及员工作业规范等	得分=评定等级率×指标分，最高得满分（等级分为优秀、良好、一般、较差、很差，等级率为0%～100%）	—	总经理
6	100	小计：	—	—	—	—	—

表10-12　某工厂废气处理主任绩效考核方案

序号	指标绩效分	指标名称	指标值	说明/衡量标准	评分规则		数据提供
					公式	扣分值	
1	40	回收率	≥98%	回收率=回收数量÷总产量×100%	1.实际值>77%，得分=40+（实际值−77%）×100，最高得满分 2.实际值≤77%，得分=40−（目标值−实际值）×100，最低得0分	—	财务部
2	20	溶剂回收量	800吨/月	进仓数量	得分=回收量×0.05分/吨，最高得满分	—	财务部
3	10	废气处理单耗	≤8吨/万平方米	废气处理单耗=用量÷产量	1.实际值≤指标值，得满分； 2.实际值>指标值，得分=指标绩效分−（实际值−指标值）×扣分值，最低得0分	5	生产经理
4	30	综合管理	良好	车间物料管理、设备管理、现场管理、安全管理及员工作业规范等	得分=评定等级率×指标分，最高得满分（等级分为优秀、良好、一般、较差、很差，等级率为0%～100%）	—	安全环保经理
5	100	小计：	—	—	—	—	—

表10-13 某工厂人力资源主管绩效考核方案

序号	指标绩效分	指标名称	指标值	说明/衡量标准	评分规则		数据提供
					公式	扣分值	
1	20	人员到岗率	99%	人员到岗率=实际人数÷编制人数×100%	得分=指标绩效分-（目标值-实际值）×扣分值，最低得0分	50	人力资源主管
2	20	培训完成率	90%	培训计划的落实情况	得分=指标绩效分-（目标值-实际值）×扣分值，最低得0分	100	人力资源主管
3	15	人力成本率	≤3%	人力成本率=工资费用÷销售额×100%	1.实际值≤指标值，得满分； 2.实际值＞指标值，得分=指标绩效分-（实际值-指标值）×扣分值，最低得0分	300	人力资源部
4	15	员工离职率	3%	员工离职率=当月离职人员数量÷［（月初员工人数+月末员工人数）÷2］	得分=指标绩效分-（目标值-实际值）×扣分值，最低得0分	50	人力资源主管
5	30	综合管理	良好	门禁管理、饭堂管理、宿舍管理及厂区公共卫生管理	得分=评定等级率×指标分，最高得满分（等级分为优秀、良好、一般、较差、很差，等级率为0%～100%）	—	集团人力资源经理
6	100	小计：	—	—	—	—	—

二、餐饮业、酒店业薪酬绩效设计案例

当下，人们的观念已经发生了翻天覆地的变化，对生活品质的要求越来越高，服务业面临的最大挑战就是服务。餐饮业、酒店业想要生意好，作为老板、管理者，你要思考以下事项：

第一，感动服务。感动服务多种多样，企业应要求全体员工对服务进行创新，不仅要了解客户的需求，还要了解客户的家庭以及生活习惯，甚至还应要求员工懂心理学等，全身心地为客户提供感动服务。

第二，做好宣传。酒香也怕巷子深，互联网的变化使酒店的推广宣传方式发生了变化，一个好的视频可为酒店带来百万甚至千万的流量，酒店通过互联网的形式把品牌传播给每一个人，让他们认识并记住这家酒店。随着时代的进步，这种推广方式层出不穷，这就要求员工在宣传方式上进行创新。

第三，要有高质量的水准。如果是餐厅，不仅要有高质量的菜品，而且应要求员工有创新精神和服务意识。

第四，要制定合理的价格。在信息时代，价格都是透明的，合理的价格、好的产品，加上优质的服务和企业的不断宣传，生意绝不可能差。

第五，要控制好成本。成本是否能控制好就需要看公司的执行力和管理能力。

然而上面所说的这几项都跟人相关，这在管理上挑战更大，传统的制造业还可以采用智能机器人或者是流程化的方式来减少人力成本，而服务业的每一个员工都需要和人打交道，酒店、餐饮企业的创始人、管理者更要在管理上下功夫，只有这样，企业才能立于不败之地。

好事不出门，坏事传千里。要做好生意需要掌握从众心理，生意好的酒店、饭店，生意会越来越好，生意不好的就会越来越差，甚至倒闭。判断一家酒店或者饭店的生意如何，要看消费者的打分，只有被消费者认可了，他们才愿意重复消费，或愿意转介绍客户，这样生意才会越来越好。如果客户光顾一家店后就不想去第二次，那么这家店的老板或者投资人就要特别关注我前面说的事项，只需要去问一下那些在你的店消费过的客户，询问他们是

否愿意在你的店进行第二次消费，是否愿意给你转介绍，如果他们不愿意，找到其中的原因并改正过来就可以了。

很多人把生意做不好的原因归咎于大环境，如地段等，其实这些因素的影响相对较小，有些店的位置特别偏僻，但是每次去都会发现这些店的生意异常火爆，甚至需要消费者排队。由此可见，生意做不好是由于经营上出现了问题。

有人把经营服务业的秘诀总结成“三高三低”，见图10–1。

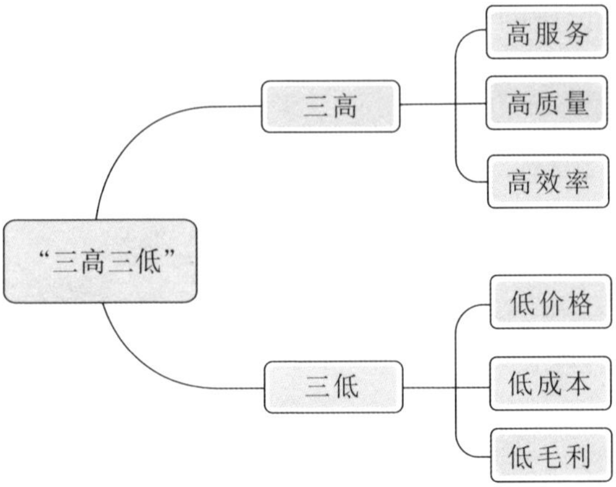

图10–1 经营服务业的秘诀“三高三低”

（一）餐饮业

我们曾经服务过一家饭店，这家饭店刚开始的时候生意并不好，有时每个月的营业额只够开销，甚至会亏本。这家饭店的地理位置并不好，经过我们的改革，营业额比原来增长了4倍多，很多时候都要客户排队消费。这家饭店做了哪些改革才使生意变得好了呢？就是用了上述的“三高三低”秘诀。这家饭店是怎么落实“三高三低”的呢？就是要激励员工完成这六个维度的指标。

比如服务，只需要设定一些关键绩效指标来激励员工做好服务就可以了。员工每月的绩效跟收入挂钩。具体做法其实很简单：从服务员的薪资中拿出20%作为绩效工资，另外，这家饭店还设置一个奖金池，把每月节省的成本、减低的损耗、每月目标营业额的超额部分（一定比例）等资金放进奖金池，按照服务员的绩效排名进行奖励，真正做到让优秀的员工不吃亏。这六个维度的激励权重就要根据每月的实际情况来设定合理的福利待遇、奖金，甚至当年的分红都跟这六个维度挂钩。因此员工就会很重视这些指标，为了达成这些目标而努力地工作，绩效优秀的员工获得奖励，绩效不合格的员工就会受到处罚或被转岗、淘汰。饭店通过绩效管理让员工有清晰的目标，主动工作，让管理者更加轻松。

以下是一家饭店的员工绩效考核方案，供大家参考，见表10-14至表10-30。

表10-14　某饭店店长绩效考核方案

序号	占比	指标绩效分	指标名称	月指标值	说明/衡量标准	数据提供
1	30%	30	营业额	70万元	≥80万元，得40分，每增加10万元，额外加2分	财务部
					≥70万元，得30分	
					≥65万元，得25分	
					<65万元，得20分	
2	30%	30	毛利率	48%	1.毛利率达到48%，得满分；2.毛利率低于48%，每减少1%扣3分	财务部
3	5%	5	当月老客户回头率	70%	当月老客户回头率=当月老客户数÷当月总客户数×100%，实际得分=当月老客户回头率÷指标值×指标绩效分	CRM系统
4	—	—	感动服务	额外奖分	每完成一件令客户感动的事件，收集1张客户感动卡，加1分	积分系统
5	10%	10	当月新客户占比	20%	当月新客户占比=当月新客户数÷当月总客户数×100%，实际得分=当月新客户占比÷指标值×指标绩效分	CRM系统
6	10%	10	品牌推广评分	4.5分	在大众点评、美团评分达到4.5分，加10分；每减少0.5分扣1分；评分达到5分，额外加5分	平台
7	10%	10	人效	4万元	人效=营业额÷人数，达标则加10分；每增加1万元，额外加2分；每减少1万元，扣2分	财务部
8	5%	5	安全	零安全事故	资产、人员、食品、卫生安全达标则加分；出现安全隐患（轻），扣3分；出现安全事故（重），扣5分	财务部

表10–15　某饭店客服经理绩效考核方案

序号	占比	指标绩效分	指标名称	月指标值	说明/衡量标准	数据提供
1	40%	40	订房数	200间	实际得分=实际达成率×指标绩效分	财务部
2	30%	30	客户满意度（团队）	90%	客户满意度达90%，加30分；客户满意度每减少1%，扣2分；遭到客户投诉，扣5分/次	CRM系统
3	—	—	感动服务	额外奖分	每完成一件令客户感动的事，收集1张客户感动卡，加1分	店长
4	15%	15	团队配合度	90分	由店长评分：≥80分，得15分；≥90分，得20分；＜80分，扣5分；＜70分，扣10分；＜60分，此项指标为0分	店长
5	15%	15	店面形象管理	干净、整洁	负责店面形象、餐具摆放、店员仪容仪表、卫生管理，达标则加10分；不达标则扣1分/次	店长

表10-16 某饭店楼面经理绩效考核方案

序号	占比	指标绩效分	指标名称	月指标值	说明/衡量标准	数据提供
1	30%	30	营业额	70万元	≥80万元，得40分，每增加10万元，额外加2分	财务部
					≥70万元，得30分	
					≥65万元，得25分	
2	40%	40	订房数	200间	实际得分=实际达成率×指标绩效分	财务部
3	20%	20	客户满意度	90%	客户满意度达90%的，加20分；客户满意度每减少1%的，扣2分；遭到客户投诉的，扣5分/次	CRM系统
4	—	—	感动服务	额外奖分	每完成一件令客户感动的事，收集1张客户感动卡，加1分	店长
5	10%	10	店面形象管理	干净、整洁	负责店面形象、餐具摆放、店员仪容仪表、卫生管理，达标则加10分；不达标则扣1分/次	店长

表10-17　某饭店服务员绩效考核方案

序号	占比	指标绩效分	指标名称	月指标值	说明/衡量标准	数据提供
1	40%	40	工作量	100%	完成店长安排的工作任务且达标的，得满分；未达标则扣1分/天	店长
2	40%	40	客户满意度	95%	客户满意度达95%的，加40分；客户满意度每减少1%，扣2分；遭到客户投诉的，扣5分/次	CRM系统
3	—	—	感动服务	额外奖分	每完成一件令客户感动的事，收集1张客户感动卡，加1分	店长
4	5%	5	配合度	80分	由店长评分：≥80分，得5分；≥90分，得8分；<80分，扣2分；<70分，扣3分；<60分，此项指标为0分	店长
5	5%	5	个人职责	及时、准确率100%	负责备餐、绿化，得5分；未及时完成的，扣1分；出错的，扣1分	店长
6	5%	5	仪容仪表	干净、整洁、专业	达标则加5分；发现不干净、不整洁的，扣1分	店长
7	5%	5	卫生	干净、整洁	达标则加5分；发现不干净、不整洁的，扣1分	店长

表10-18　某饭店厨师长绩效考核方案

序号	占比	指标绩效分	指标名称	月指标值	说明/衡量标准	数据提供
1	30%	30	营业额	70万元	≥80万元，得40分，每增加10万元，额外加2分	财务部
					≥70万元，得30分	
					≥65万元，得25分	
2	20%	20	毛利率	50%	1.毛利率达到50%，得20分； 2.低于50%，每减少1%扣1分；高于50%，每增加1%加1分	财务部
3	15%	15	人效	4万元	人效=营业额÷人数，达标则加15分；每增加1万元，额外加2分；每减少1万元，扣2分	财务部
4	10%	10	菜品创新	1个	每季度至少创新1个季节菜品，达标则加10分；菜品推出销售，额外加10分	店长
5	20%	20	菜品质量	退菜＜3个	达标则加10分；每超出1个扣2分	店长
				菜品标准	菜品色、香、味标准，达标则加10分；不达标则扣1分/次	
6	5%	5	厨房管理	干净、整洁、安全	负责检查员工仪容仪表、厨房卫生、食品安全管理，对团队评分，达标则加5分；不达标则扣1分/次	店长

表10–19　某饭店头锅厨师绩效考核方案

序号	占比	指标绩效分	指标名称	月指标值	说明/衡量标准	数据提供
1	—	—	菜品创新	1个	每季度至少创新1个季节菜品，达标则加10分；菜品推出销售的，额外加10分	厨师长
2	30%	30	菜品质量	退菜<3个	达标则加15分；每超出1个扣2分	
				菜品标准	菜品色、香、味标准，达标则加15分；不达标则扣1分/次	
3	20%	20	岗位能力	≥80分	由厨师长评分：≥80分，得20分；≥90分，得25分；<80分，扣5分；<70分，扣10分；<60分，此项指标为0分	
4	10%	10	厨房管理	干净、整洁、安全	保证仪容仪表、厨房卫生干净、食品安全，对团队评分，达标则加10分；不达标则扣1分/次	
5	40%	40	制度执行/工作态度/团队合作	≥80分	由厨师长评分：≥80分，得40分；≥90分，得45分；<80分，扣10分；<70分，扣20分；<60分，此项指标为0分	

表10-20 某饭店炒锅厨师绩效考核方案

序号	占比	指标绩效分	指标名称	月指标值	说明/衡量标准	数据提供
1	—	—	菜品创新	1个	每季度至少创新1个季节菜品，达标则加10分；菜品推出销售的，额外加10分	厨师长
2	30%	30	菜品质量	退菜<3个	达标则加15分；每超出1个扣2分	
				菜品标准	菜品色、香、味标准，达标则加15分；不达标则扣1分/次	
3	20%	20	岗位能力	≥80分	由头锅厨师评分：≥80分，得20分；≥90分，得25分；<80分，扣5分；<70分，扣10分；<60分，此项指标为0分	
4	10%	10	厨房管理	干净、整洁、安全	保证仪容仪表、厨房卫生干净、食品安全，对团队评分，达标则加10分；不达标则扣1分/次；	
5	40%	40	制度执行/工作态度/团队合作	≥80分	由头锅厨师评分：≥80分，得40分；≥90分，得45分；<80分，扣10分；<70分，扣20分；<60分，此项指标为0分	

表10-21 某饭店上什厨师绩效考核方案

序号	占比	指标绩效分	指标名称	月指标值	说明/衡量标准	数据提供
1	30%	30	菜品质量	退菜<2个	达标则加15分；每超出1个扣2分	厨师长
				菜品标准	菜品色、香、味标准，达标则加15分；不达标则扣1分/次	
2	30%	30	岗位能力/准时率	≥80分	由厨师长评分：≥80分，得30分；≥90分，得35分；<80分，扣10分；<70分，扣20分；<60分，此项指标为0分	
3	10%	10	厨房管理	干净、整洁、安全	保证仪容仪表、厨房卫生干净、食品安全，对团队评分，达标则加10分；不达标则扣1分/次；	
4	10%	10	执行管理	≥80分	由厨师长评分：≥80分，得10分；≥90分，得12分；<80分，扣5分；<70分，扣10分；<60分，此项指标为0分	
5	20%	20	工作态度	≥80分	由厨师长评分：≥80分，得20分；≥90分，得25分；<80分，扣5分；<70分，扣10分；<60分，此项指标为0分	

表10-22 某饭店煲仔厨师绩效考核方案

序号	占比	指标绩效分	指标名称	月指标值	说明/衡量标准	数据提供
1	40%	40	菜品质量	退菜＜2个	达标则加20分；每超出1个扣2分	上杂头
				菜品标准	菜品色、香、味标准，达标则加30分；不达标则扣1分/次	
2	40%	40	岗位能力/准时率	≥80分	由上杂头评分：≥80分，得40分；≥90分，得45分；＜80分，扣10分；＜70分，扣20分；＜60分，此项指标为0分	
3	10%	10	厨房管理	干净、整洁、安全	保证仪容仪表、厨房卫生干净、食品安全，对团队评分，达标则加10分；不达标则扣1分/次	
4	10%	10	执行管理	≥80分	由上杂头评分：≥80分，得10分；≥90分，得12分；＜80分，扣5分；＜70分，扣8分；＜60分，此项指标为0分	

表10-23 某饭店头砧岗位绩效考核方案

序号	占比	指标绩效分	指标名称	月指标值	说明/衡量标准	数据提供
1	20%	20	毛利率	50%	1.毛利率达到50%，得20分； 2.低于50%，每减少1%扣1分；高于50%，每增加1%加1分	厨师长
2	40%	40	质量	配菜标准	配菜标准，达标则加40分；不达标则扣2分/次	
3	20%	20	准时率	≥80分	由打荷评分：≥80分，得20分；≥90分，得25分；<80分，扣5分；<70分，扣10分；<60分，此项指标为0分	
4	10%	10	卫生管理	干净、整洁	负责冰箱、卫生管理，达标则加10分；不达标则扣1分/次	
5	10%	10	制度执行/工作态度/团队合作	≥80分	由厨师长评分：≥80分，得10分；≥90分，得12分；<80分，扣5分；<70分，扣8分；<60分，此项指标为0分	

表10-24　某饭店砧板岗位绩效考核方案

序号	占比	指标绩效分	指标名称	月指标值	说明/衡量标准	数据提供
1	20%	20	毛利率	50%	1.毛利率达到50%，得20分； 2.低于50%，每减少1%扣1分；高于50%，每增加1%加1分	财务
2	40%	40	质量	配菜标准	配菜标准，达标则加40分；不达标则扣2分/次	厨师长
3	20%	20	准时率	≥80分	由打荷评分：≥80分，得20分；≥90分，得25分；<80分，扣5分；<70分，扣10分；<60分，此项指标为0分	打荷
4	10%	10	卫生管理	干净、整洁	负责冰箱、卫生管理，达标则加10分；不达标则扣1分/次	厨师长
5	10%	10	制度执行/工作态度/团队合作	≥80分	由头砧评分：≥80分，得10分；≥90分，得12分；<80分，扣5分；<70分，扣8分；<60分，此项指标为0分	头砧

表10-25　某饭店荷王绩效考核方案

序号	占比	指标绩效分	指标名称	月指标值	说明/衡量标准	数据提供
1	30%	30	准时率	≥80分	由厨师长评分：≥80分，得30分；≥90分，得35分；＜80分，扣5分；＜70分，扣10分；＜60分，此项指标为0分	厨师长
2	40%	40	出错率	＜2次	达标则加40分；每超过1次扣2分	
3	10%	10	厨房管理	干净、整洁、安全	保证仪容仪表、厨房卫生干净、食品安全，对团队评分，达标则加10分；不达标则扣1分/次；	
4	10%	10	执行管理	≥80分	由厨师长评分：≥80分，得10分；≥90分，得12分；＜80分，扣5分；＜70分，扣8分；＜60分，此项指标为0分	
5	10%	10	工作态度	≥80分	由厨师长评分：≥80分，得10分；≥90分，得12分；＜80分，扣5分；＜70分，扣8分；＜60分，此项指标为0分	

表10-26　某饭店打荷绩效考核方案

序号	占比	指标绩效分	指标名称	月指标值	说明/衡量标准	数据提供
1	40%	40	准时率	≥80分	由荷王评分：≥80分，得40分；≥90分，得45分；＜80分，扣10分；＜70分，扣15分；＜60分，此项指标为0分	荷王
2	40%	40	出错率	＜2次	达标则加40分；每超过1次扣2分	
3	10%	10	厨房管理	干净、整洁、安全	保证仪容仪表、厨房卫生干净、食品安全，对团队评分，达标则加10分；不达标则扣1分/次	
4	10%	10	态度	≥80分	由荷王评分：≥80分，得10分；≥90分，得12分；＜80分，扣5分；＜70分，扣8分；＜60分，此项指标为0分	

表10-27　某饭店水爷绩效考核方案

序号	占比	指标绩效分	指标名称	月指标值	说明/衡量标准	数据提供
1	30%	30	准时率	≥80分	由头砧评分：≥80分，得30分；≥90分，得35分；<80分，扣5分；<70分，扣10分；<60分，此项指标为0分	头砧
2	40%	40	质量	卫生、清理干净	负责杀鱼、宰家禽等，保证质量、卫生。由头砧进行打分：≥80分，得40分；≥90分，得45分；<80分，扣10分；<70分，扣20分；<60分，此项指标为0分	
3	10%	10	厨房管理	干净、整洁、安全	保证仪容仪表、厨房卫生干净、食品安全，对团队评分，达标则加10分；不达标则扣1分/次	
4	10%	10	工作态度/配合度	≥80分	由头砧评分：≥80分，得10分；≥90分，得12分；<80分，扣5分；<70分，扣8分；<60分，此项指标为0分	
5	10%	10	执行管理	≥80分	由头砧评分：≥80分，得10分；≥90分，得12分；<80分，扣5分；<70分，扣8分；<60分，此项指标为0分	

表10-28　某饭店水台绩效考核方案

序号	占比	指标绩效分	指标名称	月指标值	说明/衡量标准	数据提供
1	40%	40	准时率	≥80分	由水爷评分：≥80分，得40分；≥90分，得45分；<80分，扣10分；<70分，扣20分；<60分，此项指标为0分	水爷
2	40%	40	质量	卫生、清理干净	负责杀鱼、宰家禽等，保证质量、卫生。由水爷进行打分：≥80分，得40分；≥90分，得45分；<80分，扣10分；<70分，扣20分；<60分，此项指标为0分	
3	10%	10	厨房管理	干净、整洁、安全	保证仪容仪表、厨房卫生干净、食品安全，达标则加10分；不达标则扣1分/次	
4	10%	10	工作态度/配合度	≥80分	由水爷评分：≥80分，得10分；≥90分，得12分；<80分，扣5分；<70分，扣8分；<60分，此项指标为0分	

表10-29　某饭店凉菜厨师绩效考核方案

序号	占比	指标绩效分	指标名称	月指标值	说明/衡量标准	数据提供
1	30%	30	菜品质量	退菜<2个	达标则加15分；每超出1个扣5分	厨师长
				菜品标准	菜品色、香、味标准，达标则加15分；不达标则扣1分/次	
2	40%	40	岗位能力/准时率	≥80分	由上杂头评分：≥80分，得40分；≥90分，得45分；<80分，扣10分；<70分，扣20分；<60分，此项指标为0分	上杂头
3	10%	10	厨房管理	干净、整洁、安全	保证仪容仪表、厨房卫生干净、食品安全，达标则加10分；不达标则扣1分/次	厨师长
4	20%	20	制度执行/工作态度/团队合作	≥80分	由厨师长评分：≥80分，得20分；≥90分，得25分；<80分，扣5分；<70分，扣10分；<60分，此项指标为0分	

表10-30　某饭店海鲜池岗位绩效考核方案

序号	占比	指标绩效分	指标名称	月指标值	说明/衡量标准	数据提供
1	30%	30	损耗率	<10%	损耗率<10%，达标则加30分。每增加1%扣2分；每减少1%加2分	财务
2	30%	30	海鲜存活率	>90%	海鲜存活率>90%，达标则加30分。每减少1%扣2分；每增加1%加2分	财务
3	20%	20	冰鲜保存	4天	达标则加10分；不达标则扣1分	厨师长
				美观度	由厨师长评分：≥80分，得10分；≥90分，得12分；<80分，扣5分；<70分，扣10分；<60分，此项指标为0分	
4	10%	10	海鲜池卫生	干净、整洁	保证海鲜池卫生干净，达标则加10分；不达标则扣1分/次	
5	10%	10	工作态度/配合度	≥80分	由厨师长评分：≥80分，得10分；≥90分，得12分；<80分，扣5分；<70分，扣8分；<60分，此项指标为0分	

（二）酒店业

在昆明，酒店业的竞争比任何一个行业都大，有时一栋楼里有几十家酒店，客人可选择的酒店非常多，因此，酒店的经营管理面临极大的挑战，比如：

（1）员工执行力不足，经常需要人盯着，老员工比较多且难管理。

（2）薪酬设计不合理，同一岗位中能力强与能力弱的人，工资是一样的。

（3）招人难，新人留存率低。

（4）使用的是人性化和“拍脑袋”的管理方式。

（5）员工的目标感不强。

（6）员工无法保质保量地完成工作。

大多数企业都会遇到这些问题，那么，酒店业真正要解决的问题是什么？要创新什么？

单店没有办法去跟连锁酒店进行对比，因为打广告成本较高，所以产品的核心需要从客户入手。客户住酒店需要的是什么呢？需要的就是体验，如环境的体验和服务的体验。因此，在管理酒店的时候就需要围绕感动服务对员工进行激励，让员工在服务上自我创新。

当你走进一家酒店时，你会发现它与众不同，它会给你留下深刻的印象，并且你一定会帮它传播。相信读者朋友也曾经住过不少的酒店，哪家酒店让你的印象最深刻呢，你还有印象吗，你有为其转介绍客户吗？

酒店把感动服务做好之后，收费标准就不固定了。经常出差住酒店的朋友会发现大多数酒店的价格是不一样的。酒店要做到以服务取胜，房间的价格也会不一样，客户想要低价房就需要提前预订，它的价格就像机票的价格一样，随时会发生变化。因此，越早预订低价房，其价格就越优惠。即使实行这样的规定，酒店每月的入住率也能达到110%，这意味着什么？在满房之后，还有人在白天开钟点房，也有客户不断地为他们转介绍。

假设你在网上订了一间房，当你走进这家酒店时，你要做的第一件事情是什么？那就是要用身份证进行登记、开房。作为酒店的经营者，也需要想一想这个过程如何可以令客户感动。酒店可以在身份证登记方面下功夫，当客户提供身份证给服务员做登记时，服务员可以给客户的身份证套上一个透明的保护套，这个保护套就是用来装身份证的，而这个保护套的批发价格可能只要一毛钱，用一毛钱就能感动客户，你认为这值不值得呢？

通过一件小事给客户留下一个好印象，让客户感觉到不一样。一个保护套能让客户感觉良好，关键不在于它的价格，而在于酒店的用心程度。

开好房间之后，客户是不是要坐电梯到他的房间呢？你到别的酒店入住时还记得自己是怎么到房间的吗？

客户到房间的这个过程是最好的感动服务过程，酒店要开动脑筋在这个环节想出各种感动服务的事项。这个过程就是店长或者服务员跟客户沟通交流的最好时机，所以酒店需要下足功夫。以下是一些参考做法：

如果客户带有小孩，会被告知酒店提供免费的一次性尿不湿，客户进入房间之后，只需要扫一扫房间里的二维码并提交需求信息，工作人员在3分钟之内就可以将尿不湿送达客户的房间。如果客户是到酒店所在地出差办公的，会被告知酒店提供免费的办公用品。如果客户是去旅游的，会被告知酒店准备了旅游攻略以及打折的门票。如果客户是女士，会被告知不用担心月经期问题，酒店为客户准备了卫生用品。当客户进到房间休息时，会被告知酒店提供洗衣服务，客户只需要扫一扫二维码并提交需求信息，工作人员在3分钟之内会取走你的衣物，为你洗好、烫好并将衣物送到你面前。

客户在晚上睡觉之前，会被告知酒店提供热牛奶，这是一个更加温馨的提示。为什么要提示客户这项服务呢？因为晚上喝牛奶，能帮助人更好地入睡。这样的服务会让客户产生跟别的酒店完全不一样的感觉。

酒店还可以提供很多其他的服务，只有理解其中的原理，才能把感动服务做好。

以下是有关酒店业的积分规则的方案，供大家参考使用。

1. 客房部积分规则

（1）做好工作车的清洁，确保抹布分类使用，奖50分/月。

（2）未做好工作车的清洁，混用抹布，扣10分/次，累计加倍。

（3）填写工作报表，确保房间无遗漏的，奖30分/月。

（4）未填写工作报表，扣5分/次。

（5）做好周计划卫生，奖50分/月。

（6）未做好周计划卫生，扣10分/次。

（7）做好细节卫生，奖100分/月。

（8）未做好细节卫生，扣20分/次。

（9）保管库房钥匙及房卡，确保财产无遗失，奖80分/月。

（10）对库房钥匙及房卡保管不到位，扣20分/次。

（11）做好库房和楼道的卫生清洁，确保干净、整洁，奖30分/月。

（12）库房、楼道不干净、不整洁，扣10分/次，累计加倍。

（13）做好库房物品的领用记录，确保领用合理、使用得当，奖50分/月。

（14）未做好库房物品的领用，扣10分/次。

（15）按照操作流程打扫房间，确保卫生质量，奖150分/月。

（16）客房卫生不合格，扣1～10分/间。

（17）发现维修问题及时上报，奖50分/月。

（18）发现维修问题未及时上报，扣5分/次。

（19）遭到客人投诉，扣10分/次。

（20）对每天的计划卫生做到自检、自查，无投诉，奖50分/月。

（21）未完成每天的计划卫生工作，未做到自检、自查，扣10分/次。

（22）做好灭虫除害工作，奖30分/月。

（23）未做好灭虫除害工作，扣5分/次。

（24）做好一次性用品盘点统计，确保领用合理，能控制成本，奖80分/月。

（25）未做好一次性用品盘点统计，扣10分/次。

（26）与前台做好衔接工作，及时上报干净房，奖30分/月。

（27）未与前台做好衔接工作，未及时上报干净房，扣10分/次。

（28）做好续住房间的卫生，奖50分/月。

（29）续住房间的卫生做得不合格，扣10分/次。

（30）及时上交客人遗留物品给前台，奖1～10分/次。

（31）未及时上交客人遗留物品给前台，扣1～10分/次。

（32）主动为客人送物品（感动服务），奖2分/次。

（33）主动帮客人烘干、熨烫衣服，奖3分/次。

（34）高效完成大管家（感动）服务，奖3分/次。

（35）引导客人给五星好评，奖2分/次。

（36）为客人指引方向，奖2分/次。

（37）送客人进房间，奖2分/次。

（38）做公共区域的卫生，奖30分/月。

（39）公共区域不干净、不整洁，扣5分/次。

（40）每天到岗后检查仪表仪容，安排客房服务员配布草、补清洁剂、分发一次性用品，检查布草车上的物品是否按标准摆放，奖50分/月。

（41）到岗后未检查仪表仪容，未安排客房服务员配布草、补清洁剂、分发一次性用品，未检查布草车上的物品是否按标准摆放，扣5分/次。

（42）安排客房人员做好保洁工作、分配房间，合理调配人员，奖80分/月。

（43）未安排客房人员做好保洁工作，未分配房间，未合理调配人员，扣5分/次。

（44）填写工作报表，确保没有疏漏，奖30分/月。

（45）未填写工作报表，扣5分/次。

（46）每天仔细检查每一间客房，保证卫生达标，物品补充达到要求，物品摆放符合标准，设施设备正常使用，奖150分/月。

（47）未每天仔细检查每一间客房，未保证卫生清洁达标，物品补充未达到要求，物品摆放不符合标准，设施设备不能正常使用，扣10分/次，累计加倍。

（48）发现客房或公共区域的设施设备有故障，及时联系工程人员维修并监督维修，奖30分/月。

（49）发现客房或公共区域的设施设备有故障，未及时联系工程人员进行维修，扣5分/次。

（50）与前厅部核对当天房态是否有误，保证房态准确率，奖100分/月。

（51）未及时与前厅部核对当天房态，扣20分/次。

（52）每天召开客房人员例会，通报当日客房情况，根据问题及时培训，奖20分/月。

（53）未每天召开客房人员例会，未通报当日客房情况，未根据问题及时培训，扣5分/次。

（54）妥善处理客人的投诉，奖50分/月。

（55）未妥善处理客人的投诉，扣50分/次。

（56）客房卫生遭到客人投诉，扣50分/次。

（57）及时跟进客房设施设备保养周计划和客房细节卫生周计划的完成情况，并上报店长经理，奖100分/月。

（58）未及时跟进客房设施设备保养周计划和客房细节卫生周计划的完成情况，未上报店长经理，扣10分/次。

（59）每天清点、收发和送洗布草，遇到布草送得晚能及时跟进，能及时催送布草等，奖30分/月。

（60）未每天清点、收发和送洗布草，遇到布草送得晚未能及时跟进，不能及时催送布草等，扣5分/次。

（61）管理好客房服务用品，使仓库物品堆放整齐，发放一次性用品，做好监督和管理，控制成本，奖50分/月。

（62）未做好客房服务用品的管理，仓库物品堆放不整齐，未发放一次性用品，未做好监督和管理，未控制成本，扣20分/次。

（63）做好每月盘点及预算，并制订用品申购计划，提交店长审核，奖50分/月。

（64）未做好每月盘点及预算，未制订用品申购计划，未提交店长审核，扣20分/次。

（65）督导服务员按操作标准实施卫生工作，检查质量，做好服务员在岗培训和新进服务员的岗位操作培训，奖80分/次。

（66）未做好服务员按操作标准实施卫生督导工作，未做好服务员在岗培训和新进服务员的岗位操作培训，扣10分/次。

（67）收发和保管总卡（钥匙）、布草间钥匙，奖20分/月。

（68）未收发总卡（钥匙）、布草间钥匙，或保管不到位，扣10分/次。

（69）做好发放和回收清洁用品工作，指导客房服务员安全使用和稀释消毒液，奖30分/月。

（70）未做好清洁用品的发放和回收工作，未指导客房服务员安全使用和稀释消毒液，扣5分/次。

（71）联系和安排水箱清洁和灭虫除害工作，奖30分/月。

（72）未做好联系和安排水箱清洁和灭虫除害工作，扣5分/次。

（73）每天关注员工的情绪和动态，发现有不妥的地方及时和他们沟通。并将员工的要求和想法及时反映给经理，奖100分/月。

（74）未能每天关注员工的情绪和动态，发现有不妥的地方未及时和他们沟通，未能及时把员工的要求和想法反映给经理，扣10～20分/次。

（75）完成上级指派的其他工作，奖1～10分/次。

（76）做好每月的培训计划，每周分段实施与考核，并做好记录，奖50分/月。

（77）未做好每月的培训计划，未每周分段实施与考核，未做好记录，扣10分/次。

（78）感动服务，奖2分/次。

（79）大管家（感动）服务，奖2分/次。

（80）引导客人给五星好评，奖2分/次。

2. 前厅部积分规则

（1）主动维护需要会议房的客人并取得联系方式，奖5分/次。

（2）让OTA（在线旅游代理商）客人主动给好评，每天完成5条，奖5分；每增加1条奖1分。

（3）每天中午12点开始检查房态及预订情况，上报控价，半小时1次，每次奖1分。

（4）前台在夜间做全天退、钟点晚退的房间或换房服务，奖2分/间。

（5）OTA无违规操作，奖10分/月。

（6）OTA违规操作，视情况扣1～10分/次。

（7）及时维护老客户的信息，按回复时长衡量，奖10分/月。

（8）主动往养生壶里添水，给到前台的客人倒茶（含休息区），奖10分/月。

（9）为客户的身份证套上保护套，奖20分/月。

（10）给客人用超声波清洗眼镜，送客人眼镜布，奖10分/月。

（11）给带孩子的客人提供消毒湿纸巾，奖10分/月。

（12）给小朋友赠送礼物，奖10分/月。

（13）送客人到房间，奖3分/次。

（14）按照规范帮客人寄存行李、寄存贵重物品（写贵重物品清单），奖1分/个。

（15）送东西到客人房间，奖1分/次。

（16）客人退房时，向其询问入住感受，奖30分/月。

（17）为客人办理入住登记手续，发放、回收房卡，办理客人离店结账手续，及时退房，按月包干，奖30分/月。

（18）及时、准确地将入住宾客的信息输入电脑（按四实登记原则），扫描中外宾客身份证并传送给公安部门，按月包干，奖100分/月。

（19）未及时、准确地将入住宾客的信息输入电脑（按四实登记原则），未扫描中外宾客身份证且未传送给公安部门，扣100分/次。

（20）有效地接受客人询问，提供有关酒店服务设施、市内外交通、旅游景点、娱乐购物等各类信息，按月包干，奖20分/月。

（21）负责前台的保洁工作及爱护设施设备，奖50分/月。

（22）前台保洁工作未做到位，不爱护设施设备，扣5～10分/次。

（23）及时报修酒店设施设备，奖30分/月。

（24）发现监控中的异常，发现问题并及时报告，奖50分/次。

（25）认真、仔细核对夜审资料，于第二天早上7：30前将发现的问题上报店长，制作营业日报，于第二天早上9：30前提交给店长，按月包干，奖10分/月。

（26）未认真、仔细核对夜审资料，发现问题未及时上报店长，未制作营业日报并按时提交给店长，扣5分/次。

（27）虚报尾房价格，扣100分/次。

（28）提供高价房，奖1分/间。

（39）新员工入职成功，奖5分/个。

（30）高效完成大管家（感动）服务，奖3分/次。

（31）违规，视情况扣分，扣1～50分/次。

（32）妥善处理住店宾客投诉，奖50分/月。

（33）未妥善处理住店宾客投诉，视情况扣10～50分/次。

（34）与客户沟通并删除差评，奖200分/条。

（35）当月全店无差评，奖500分/月。

（36）收集有效的宾客反馈意见，奖5分/条。

（37）每天完成日清日结，奖30分/月。

（38）未每天完成日清日结，扣5分/次。

（39）每周完成工作计划、工作总结，奖30分/月。

（40）未每周完成工作计划、工作总结，扣5分/次。

（41）每周召开晨会（至少3次），奖10分/周。

（42）未每周召开晨会（至少3次），扣3分/次。

（43）每日召开部门班前会，奖30分/月。

（44）未每日召开部门班前会，扣3分/次。

（45）参与店长召开的每日晨会，奖30分/月。

（46）未参与店长召开的每日晨会，扣3分/次。

（47）每日审核前台账务，奖50分/月。

（48）财务部检查前台时发现账务数据异常，根据金额大小，扣10～50分/次。

（49）前台卫生合格，奖60分/月。

（50）前台卫生不合格，扣10分/次。

（51）抽查客房卫生，抽查结果合格，奖60分/月。

（52）抽查客房卫生，抽查结果不合格，扣10分/间。

（53）及时反馈工程维修情况，奖50分/月。

（54）未及时反馈工程维修情况，导致不能正常提供房间，扣50分/次。

（55）与客房部、工程部每日协调，保证工作顺畅，奖50分/月。

（56）工作对接不及时，扣10分/次。

（57）完成月度培训计划，奖60分/月。

（58）未完成月度培训计划，扣60分/次。

（59）检查每日感动服务的完成情况，奖50分/月。

（60）每周提交店内经营和管理状况报表，奖10分/周。

（61）未每周提交店内经营和管理状况报表，扣10分/次。

（62）负责店内公章、证照、密码、保险柜的保管，奖30分/月。

（63）店内公章、证照、密码、保险柜保管不到位，扣30分/次。

（64）当周全店无投诉，奖15分/周。

（65）当月全店无投诉，奖100分/月。

（66）出现客户投诉，每次扣10分。

（67）超额完成任务，奖100分/月。

（68）督导工作不到位，造成严重后果及影响，视情节轻重扣10～50分/次。

（69）检查前台设施设备及系统，奖30分/月。

（70）前台设施设备及系统检查不到位，扣5分/次。

（71）每天关注员工的情绪和动态，发现他们有不妥的地方及时进行沟通，并将员工的要求和想法及时反映给上级，奖30分/月。

（72）未能每天关注员工的情绪和动态，发现他们有不妥的地方未及时进行沟通，未将员工的要求和想法及时反映给上级，扣5分/次。

3. 工程部积分规则

（1）执行上级下达的指令，认真完成任务并及时汇报，奖450分/月。

（2）负责酒店客房、前台的各种设施、设备的维修及保养，奖200分/月。

（3）负责员工宿舍的各种设施、设备的维修及保养，奖10分/月。

（4）控制酒店能源，做到不浪费、不偷工减料，提高经济效益（与上月对比），奖100分/月。

（5）负责处理工程部内部发生的问题及客人对工程问题的投诉，奖50分/月。

（6）巡查客房设施、设备，发现问题并及时维修处理，做到小问题不过夜、大问题汇报上级，奖50分/月。

（7）未能及时维修设施、设备等，未能做到小问题不过夜、大问题汇报上级，扣5分/次。

（8）遇到停水、停电能及时和前台沟通，奖30分/月。

（9）遇到停水、停电未及时和前台沟通，扣10分/次。

（10）接到维修任务后，及时赶到现场进行维修，房间有住客的，经客人同意后方可进房间进行维修，奖30分/月。

（11）接到维修任务后，未及时赶到现场维修，未经客人同意就进房间进行维修，扣10分/次。

（12）当日无法维修的，告知前台次日维修，奖50分/月。

（13）当日无法维修的，次日未维修，扣20分/次。

（14）维修后须恢复客房卫生，工程部无法恢复的，报客房服务人员进行恢复，奖100分/月。

（15）定期对房间的通信网络进行问题排查及维护，奖80分/月。

（16）自主巡查房间工程问题并维修，奖10分/次。

（17）未完成上级下达的指令，未汇报，扣10～100分/次。

（18）未完成酒店客房、前台各种设施、设备等的维修及保养，导致房间无法正常使用，扣200分/次。

（19）未完成员工宿舍各种设施、设备的维修及保养，扣2分/次。

（20）造成资源浪费，偷工减料，经济效益降低，扣10～20分/次。

（21）未能及时处理工程部内部发生的问题以及投诉问题，扣50分/次。

（22）重复返工，扣10分/次。

（23）净房维修后，未恢复客房卫生，未报客房服务人员进行恢复，扣10分/次。

（24）大面积工程维修，未每日汇报完成进度，扣10分/次。

（25）未能及时排查房间的通信网络，导致客人投诉或房间无法使用，扣20分/次。

4. 公共部积分规则

（1）员工全年无一次请假的，奖1000分/年。

（2）员工全年无一次迟到/早退的，奖1000分/年。

（3）员工全年迟到/早退在6次以内的，奖500分/年。

（4）员工全年迟到/早退在12次以内的，奖300分/年。

（5）员工全年迟到/早退在40次以上的，扣100分/年。

（6）员工全年迟到/早退在60次以上的，扣200分/年。

（7）员工全年迟到/早退在80次以上的，扣300分/年。

（8）请事假一天的（以此类推），扣50分/天。

（9）公司举办活动时请假的，扣30分/次。

（10）员工请假事由，经调查与实际不符的，扣50分/次。

（11）全月无迟到、早退、旷工、请假的，为全勤，奖200分/月。

（12）主动加班完成某项工作的（不算因工作能力不足而造成的），奖

20～100分。

（13）下班/休班期间（非工作时间）接受临时工作安排的，奖20～100分。

（14）迟到、早退在5分钟内，扣10分/次。

（15）迟到、早退5～10分钟，扣20分/次。

（16）迟到、早退10～30分钟（31分钟以上为旷工），扣30分/次。

（17）旷工1天的（以此类推），扣180分/天。

（18）发现监控有异常情况，发现问题并及时报告，奖50分/次。

（19）拾金不昧，根据金额大小或物品价值，奖50～500分/次。

（20）举报，奖100分/次。

（21）被举报，扣100分/次。

（22）未对各种经营数据保密，出现泄密行为，扣50～10000分/次。

（23）有效创新，奖100～500分/项。

（24）为公司提出合理化建议，奖1分/条。

（25）为公司提出合理化建议，并被采纳，奖50～100分/条。

5. 积分结果运用

（1）按部门分开排名，并与员工的绩效工资挂钩，当月积分排名靠前的员工可以享受1.5倍的绩效工资，月积分排名靠后的员工，绩效工资减半发放或者不发放。

（2）积分排名跟晋升挂钩。

（3）积分排名跟公司福利待遇挂钩，积分越高的员工享受的福利待遇就越好。

（4）积分排名跟年终奖挂钩，公司拿出年终奖的50%并按排名发放，具体发放的比例可以根据实际情况制定。

三、电商行业薪酬绩效设计案例

1. 电商行业的现状

如今电商已经覆盖了各行各业，很多企业都有电商部门，有的企业还会把电商部门单独拿出来，成立一家线上销售公司或者运营公司，每家企业都在寻求优秀的电商人才。

电商是一个创业门槛极低的行业，每个人都可以开网店或者在网上做兼职，通过直播、剪辑视频来获取收益。很多年轻人崇尚自由，在网络上做兼职、开网店，他们每月的收入可能比上班族还高。

做电商的员工有很多特点，比如偏年轻化，在我们落地服务的电商企业中，员工的人均年龄在24岁；比如性格开朗，喜欢喝奶茶、玩游戏等。电商企业的员工其家庭条件一般不会差，不会为了生存而工作，不喜欢受约束、被管理，针对这些新生代的员工，该如何管理呢？

有一家电商企业的人力资源负责人跟我分享：他们公司需要招一名电商运营员，有一次有个求职者来面试，人力资源负责人认为这名求职者不错，求职者也觉得公司不错，双方谈好了一切条件，约定这名求职者第二天早上来上班。次日早上，这名求职者过了上班时间也没来上班，于是这名人力资源负责人主动打电话向求职者了解情况，打了几次电话才联系到这名求职者，并被告知由于昨晚睡晚了，早上没能起来，所以没去上班。

我们在深圳服务过的一家跨境电商企业老板跟我分享：他们公司楼下都有“猎头”蹲点，待员工下班之后，在门口就上演“抢人大战”了。“猎头”会找这些员工进行面谈，承诺给他们高薪和福利，询问他们是否愿意换工作。

在这样的情况下，公司的各种规章制度如何落实执行呢？

公司招人难，不敢开除员工，否则就没有人做事了。这也导致公司不敢执行制度，更不敢罚款。老板靠什么来吸引这些员工，靠高薪吗？

各位企业家，给员工高薪一定会产生高效率吗？高薪就意味着高回报吗？如果你的回答是否定的，那么这就是现状。

2. 电商企业面临的挑战

激烈的竞争。前面提到，电商是一个创业门槛极低的行业，竞争很激烈，打开各大平台搜索你公司的产品，会发现有很多企业在做和你公司相同的产品，有的公司的网页做得很不错，其实公司可能就只有一两个人，有的公司的网页做得很差，反而可能是一家大公司。企业想要从激烈的市场竞争中脱颖而出，占领各大平台，就必须提高产品质量和服务。在如今的互联网时代，不管你的企业做得多好，都有人比你做得更好，不管你的产品价格有多便宜，都有人比你更便宜，所以电商企业总是面临激烈的竞争。

快速的增长。电商是一个快速增长的行业。快速增长期，企业需要寻找更多的人才来满足其不断扩大的客户群需求，企业的业务扩大是一大挑战，人才和组织变化又是一大挑战，企业创始人要随时做好准备。

快节奏的市场。科学技术以令人难以置信的速度在发展，跟上市场变化是电商企业最基本的挑战，各大电商平台的算法不断创新，各种行业细分平台不断增加，商业模式也在不断变化。这些都要求电商企业的人才具备较强的学习能力，不断创新，提升公司竞争力。

管理困难。电商的岗位虽然不是很多，但很难量化，很多老板对电商本身就不太了解，导致企业招人难、管人难和留人难。

3. 电商企业的招人难题

很多电商企业负责人对公司人力资源的重视程度不够，甚至不愿意设置这个岗位。有的老板表面上很重视人才，但当你去了解这家公司时，会发现公司内部没有对应的人力资源部门，没有专业的人才，人事往往是由文员兼职的，主要负责员工考勤及员工入职、离职的办理工作而已。他们以为还像以前一样，只需要在人才市场挂一个牌子，或者在招聘网站上开一个账号，等着员工投简历就能解决招聘的问题。事与愿违，没有专业的人员进行招聘工作，公司招的人不对，不管用什么方法去管理都会很困难。

因此，电商公司一定要在人力资源部门上下功夫来解决人才招聘的问题，配备人力资源的招聘专员甚至请专业的人事经理来负责人才招聘工作，这些人一般有很多人才招聘的经验。

关于试用期，试用期一般是三个月，最短的是一个月。大多数公司都以为设置试用期的目的是减少一点工资。而公司遇到招人难的问题，就要反其道而行之，比如员工要求一个月收入为5000元，公司要告诉他试用期的收入为5500元。为什么会多500元？因为员工人生地不熟，来到公司他需要打理很多事，这些事都需要用到钱，多给他500元，至少公司有试用他的机会。假如这名员工能力不行，公司可以提前让他离开。有人会问，短短几天的时间看不出员工的水平，怎么办？那就延长试用时间。一般来说，如果公司在面试的时候，对员工比较了解，那么花一周的时间就足够了解员工的能力。

过了试用期之后，电商公司就需要有一套员工的评级体系来评估这名员工的级别，不同级别的员工所享受的工资和福利待遇不一样。如果公司设置的级别是合理的，那么员工一般不会有意见。

4. 电商企业的绩效管理

电商企业的绩效难以量化，比如处理一张图片，量化标准是什么？如何判断图片的质量呢？曾经有技术员提出用销售量来证明图片的质量，但销售量只与图片有关吗？

解决不了的问题，先放下，不去思考它，先思考一下我们身边有哪些电商企业。有阿里巴巴、腾讯、百度、今日头条、京东、小米、华为、谷歌、微软等。这些都是大企业，阿里巴巴用的是KPI考核，有其企业文化和合理的晋升体系；今日头条和谷歌用的是OKR目标管理；华为用的是绩效管理，采用以岗定级、以级定薪的方式。每家企业的绩效管理方式不一样，管理方式都不错，但哪一种方式适合中小企业呢？

中小企业的管理要简单、可操作性强。大企业的各种管理方式虽然好，但不一定适合中小企业。

所以，中小企业要寻求一套适合自身发展的绩效管理方法。

如何设计电商企业的绩效考核?

假设电商人才的工资是8000元，我们把他的工资进行拆分，见表10-31。

表10-31　电商企业员工工资分布

工资结构	基本工资（元）	岗位工资（元）	绩效工资（元）
金额	2000	3000	3000

用绩效分衡量员工当月的工作量，绩效分跟员工当月绩效工资挂钩，绩效得分越高，当月的工资就会越高，见表10-32。

表10-32　员工绩效等级与绩效工资标准

员工当月绩效得分（分）	绩效工资实发数（元）
99～100	3500
96～98	3200
91～95	3000
86～90	2500
80～85	2000
＜80	1000

如果员工当月绩效得分大于90分，员工都不会有意见；如果员工当月绩效得分低于90分，员工下个月更没有积极性，还会认为公司设置的指标不合理。假设员工当月绩效得分为85分，公司当月只发2000元的绩效工资给员工，员工会立即离职。前面提到过，有很多公司都会到其他公司高薪挖人，公司哪敢扣发工资?

用什么方式能做好绩效考核?

我们建议电商企业用目标管理的方法，配合积分制和企业自动化运行系统，那么具体如何实施？公司每个部门可以在月初的时候与每名员工进行沟通，制定清晰的目标，双方达成共识，目标当然由员工设定，目标设定本身就是绩效管理的一个重点。目标如何量化管理呢？见表10–33。

表10–33 目标管理的量化标准

目标管理	量化标准	得分
制定详细的目标及可行性方案，分析可能会遇到的风险等	有详细的可行性方案，目标具有挑战性	额外加5～10分
目标有挑战，得到上级认可	上级认可且说明原因	额外加1～5分
准时按规定、要求完成	合格提交	5分
未提交目标	当月未提交目标	0分

在制定这个量化标准之前，我们要设置好说明性文档，比如“按规定”指的是什么，规定中的具体项的内容是什么，目标比上个月或上个季度增加多少才叫有挑战性，可行性方案包括哪些具体的数据，这些都要列出来，并向员工解释清楚，这样才能把目标量化。见表10–34。

表10–34 目标达成的量化标准

目标达成情况	量化标准	得分
优秀	目标达成且超过6%～100%	额外加6～100分
良	目标达成且超过1%～5%	额外加1～5分
已达成	达成当月制定的目标	5分
未达成	未达成当月制定的目标	0分

目标制定好之后，最重要的是执行，执行又需要量化指标。在目标制定时，就要对目标进行量化指标，比如新增客户数量、库存周转率、销售量等。

公司要把员工当月的关键指标找出来，一般为三四项，不需要太多。如果员工当月能把这几项工作做好，说明员工当月的工作做得很不错。在月底的时候，公司要把指标量化表拿出来和员工一起对照，并分析员工需要在哪项工作上进行改善，在哪项工作上做得更好。

目标进行量化指标的好处是什么？

哪怕目标的达成结果没有跟员工的工资挂钩，员工也能清楚自己下个月需要提升的重点是什么，当月哪些工作做好了，哪些工作没有做好，知道下个月努力的方向在哪里。

5. 如何设置激励机制

激励机制是企业通过一定的制度对员工进行激励和鼓励，好的激励机制能够激发员工的工作潜能，调动工作积极性，提高团队整体效率。激励机制一般包括物质激励、精神激励、奖惩激励。下面给大家介绍一下绩效目标是如何与激励机制挂钩的，见表10-35。

表10-35　激励机制标准

<table>
<tr><th>目标达成情况</th><th>提成（积分排名）</th><th>奖金（元）</th><th>晋升</th><th>项目分红</th></tr>
<tr><td>优</td><td>5‰</td><td>5000</td><td rowspan="2">优先</td><td>5‰</td></tr>
<tr><td>良</td><td>2‰</td><td>2000</td><td>2‰</td></tr>
<tr><td>合格</td><td rowspan="2">1‰</td><td rowspan="2">无</td><td>视情况而定</td><td>1‰</td></tr>
<tr><td>差</td><td>不享受</td><td>不享受</td></tr>
</table>

目标结果与员工的贡献价值有关，不同的目标达成情况所获得的激励奖励不同。每个周期的目标设置非常重要，有效的目标设置有利于提高工作效率和工作质量。

目标设置的注意事项如下：

目标周期：最好根据考核者或者考核部门的时间周期设置，一般一个考核周期为1个月或者1个季度，也可以将公司项目的完成时间作为一个考核周期，如果是大项目则要进行分拆。

数量限制：设置的维度不能太多，不要像KPI考核一样设置很多指标，在目标设置中要抓重点，需要员工完成的叫作关键目标或关键结果。

设置的目标富有挑战：每个人的工作能力不一样，在设置目标之后要与员工沟通目标的挑战程度，参照表10-36。

表10-36　目标挑战程度表

程度	0	50%	100%
标准	必须采取突破方式才有可能实现	有风险，但有很大机会可以实现	一定可以实现

表10-36中的三种情况，哪种既具挑战性又能让员工接受呢？我认为是第二种和第三种。

目标设置的优先级与权重定义见表10-37。

表10-37　目标优先级表

优先级	说明	定义
优	期待完成	挑战型，达到企业或管理者期望，创造最大贡献价值
良	应该完成	承诺型，目标具有挑战性，能超越企业的基本要求
合格	必须完成	绩效型，目标符合企业或团队的基本要求

6. 电商企业的晋升体系

很多电商企业的晋升体系设置得都不是很好，大多数电商企业选拔管理者都由老板一句话决定，老板认为谁可以胜任就提拔谁，没有具体标准，涨工资也没有标准。老板只知道一年要涨一次工资，要涨工资就给全体员工都涨，要不涨工资就都不涨，这样肯定没有任何激励作用。

晋升体系设置得好，效果就大不相同，比如公司鼓励员工加班，加班能为公司创造更多的价值，因为厂房设备的开销都是固定的，然而有些员工不愿意加班，公司在晋升条件中就可以写明，加班的总时长达到一定的时长才有晋升的机会，做到开放式管理。

公司还可以设置岗位晋升等级表（表10–38），根据公司实际情况制定具体的晋升要求。

表10–38 岗位晋升等级表

名称	等级	工资	晋升要求
王者	王者A		
	王者B		
	王者C		
大师	大师A		
	大师B		
	大师C		
水晶	水晶A		
	水晶B		
	水晶C		
黄金	黄金A		
	黄金B		
	黄金C		
白银	P2		
青铜	P1		

7. 如何设置电商企业的提成比例

我们发现很多电商企业都或多或少地对电商人员设置了一定的提成比例，目的就是激励员工，让员工拿到更多的收益，因为这个行业都这样，别的公司都给员工提成，所以不给提成就吸引不到员工。

在提成设计方面，电商企业更要下功夫，千万不能直接套用别人的提成方案，这样有可能使公司的人才流失。我们服务过的一家机械厂，公司的订单几乎都来自网络，老板为了激励推广部门的员工努力做事，设计了一套提成机制，拿出营业额的百分之一作为团队的提成。老板认为员工的收入高了，留人就容易了，然而事与愿违，这些员工最后都离职了，为什么会这样呢？

每家公司的产品都有发展期和衰退期，产品好卖的时候，员工都很开心，产品不好卖或者公司换了一个新产品的时候，员工都不愿意去做新产品推广，为什么会这样？因为新产品没人知道，推广困难且不一定会产生销售额，员工拿不到提成，自然不愿意去做与自己利益无关的或者有损自己收益的事情。这都是分配机制出现了问题。可参照表10-39，对提成进行分配比例划分。

表10-39 提成分配比例标准

提成等级	提成比例	具体要求
A	5%	达到业绩要求、绩效要求、积分排名要求、新产品开发要求
B	3%	达到业绩要求、绩效要求、积分排名要求
C	2%	达到业绩要求、绩效要求
D	1%	只达到业绩要求

8. 电商企业的目标达成奖

每家企业都要设置高额的目标达成奖，让员工多劳多得。电商企业的目标达成奖特别好用，把这个奖励设置好之后，只要你的员工有能力，你几乎不用操心。

目标达成奖可以按月或按季度设置，我们推荐以季度作为一个目标周期，对公司的总经理或总监级别的员工可以按年度设置。目标达成奖不只是跟奖金挂钩，还要跟公司的各种福利挂钩，比如公司的年终奖，TUP（Time-

Unit Plan，时间单位计划）股权激励以及购房、购车金等。

通过这套分配机制把优秀的员工留下来，这套机制用好之后像一条长长的绳子缠着一件物品，每天缠一点，逐渐增多，一圈又一圈地缠着这件物品，越缠越多，最后这件物品想要从这条绳子中脱离出来，几乎不可能。当然这套分配机制一定要从员工的角度来设计，换句话说，就是具有利他性，如何设计呢？我先给大家提供一个思路，设计一套好的薪酬机制，把部分奖金逐渐积累下来，用奖金来购买公司TUP股权或者项目股，最后转换成实际股权，当然，这需要系统地设计。目标达成奖标准见表10-40。

表10-40　目标达成奖标准

目标达成	季度奖金分配（万元）	购车 / 购房金（元）	TUP股权分红股数（股）
挑战值	10	1000（5张）	3000
超越值	6	1000（3张）	2000
期望值	3	1000（1张）	1000

9. 电商企业的TUP股权激励设计

TUP股权激励是一种类似股权激励的手段，通过先授予股权激励对象一定的份额，以年度及整个周期内的结果作为分红条件，通过科学的算法把将来的业绩目标与每个岗位、每个人的分红收益都计算清楚，也是员工未来获得期权或注册股的唯一凭证，是一种奖励型期权，属于一种中长期收益，但收益需要在未来逐步兑现，直接跟业绩挂钩。

公司要建立TUP奖金池，并合理规划每年TUP**增量奖金**，预留比例，实现奖金递延发放，最终达到优化公司现有的薪酬结构，激发组织活力的目的。

电商企业可以根据实际情况，设置不同人员的持股数量，持股数量可以跟职位、绩效、目标达成等挂钩，还要跟员工签订合同，让员工看到希望。员工在公司工作的时间越久，付出越多，得到的TUP股权数量就会越多，当员工在公司服务了一定的年限，TUP股权就可以转换成有期权，最后转成实股，达到留住核心人才的目的。

10. 电商行业的管理创新

电商行业的管理创新主要体现在两个方面：

（1）批量复制人才能力的创新。

电商行业的门槛极低，员工想要成为电商高手却非常困难，需要具备较强的学习能力，而企业需要具备可以进行人才复制的标准化流程。其实建立流程并不困难，难在执行流程，即老员工愿意去带新员工。公司可以在每月的目标中，加入一项新员工成长计划，针对不同的员工提出不同的辅导方案，并对当月完成的结果进行评分，这个评分要跟员工的各项福利挂钩，不然老员工就不愿意带新员工，公司就难以做大做强。公司只靠在社会上招聘人才是不够的，需要有人才培养体系。

（2）分配体系的创新。

让有能力的员工投资新项目，让他享受投资后的利润分配。我们遇到最多的情况是企业中的员工不愿意投钱，有的员工即使愿意投钱，公司也不知道如何与其签订协议，又担心以后会产生风险。这件事情很专业，需要专业的人来设计。员工不愿意投钱，是因为分配机制没有设置好，或是从这个项目中没有看到希望，又或是分配不合理，员工认为有风险。我们服务过的很多企业给员工讲清楚了分配和风险之后，员工哪怕是借钱也愿意参与进来，只要员工投钱进来一起做项目，他们和公司就能成为这个项目的生命共同体，因而一定会更努力地工作。

让有能力的员工投钱并单独负责某个项目，公司就不需要操心员工难管理的问题了，也不用操心留不住员工的问题了。当员工投钱的项目有了收益之后，公司可以收购项目，员工用项目的股权置换公司的股权，员工最终成为公司的股东，这样员工和公司就真正成为生命共同体。

下面是某公司的绩效考核方案，供大家参考，见表10-41至表10-50。

表10-41　某公司推广部主管绩效考核方案

积分分类	权重	标准分	积分细则	
			等级	积分规则
用户成本	45%	45	优	用户量≥1000个且成本低于40元/个，得45分
			良	用户量≥900个且成本低于45元/个，得40分
			合格	用户量≥800个且成本低于50元/个，得35分
			不合格	用户量＜700个或成本高于50元/个，得0分
日常工作	20%	20	优	连续一年达到合格，得20分
			良	连续半年达到合格，得15分
			合格	服务器管理，及时检查，确保带宽使用合理，得2分（不符合标准不得分）
				充值余额分配合理，充值金额正确，得2分（不符合标准不得分）
				充值使用恰当（广告币使用合理），得2分（不符合标准不得分）
				按计划投放广告，得2分（不符合标准不得分）
				不出现微信号错放，得2分（不符合标准不得分）
广告分析	20%	20	优	研究广告投放页面，获取好的用户体验，为公司带来效益，并得到上级的认可，得20分
			良	研究广告投放页面，并提供优化建议，得15分
			合格	每月至少能提供5份关于广告投放的用户体验分析报告，得10分
			不合格	未能提供关于广告投放的用户体验分析报告，得0分
管理工作	10%	10	—	未发生绩效事故，绩效管理得到上下级的认可，得4分
			—	发生绩效事故或绩效管理执行不到位，得0分
			—	人才培养：每月完成员工辅导表，得3分
			—	每月组织完成3次培训，得3分
临时任务	5%	5	—	积极配合完成领导交代的临时任务，由领导评分，得1～5分
合计	100%	100	—	

表10-42　某公司投放运营人员绩效考核方案

<table>
<tr><th rowspan="2">积分分类</th><th rowspan="2">权重</th><th rowspan="2">标准分</th><th colspan="2">积分细则</th></tr>
<tr><th>等级</th><th>积分规则</th></tr>
<tr><td rowspan="4">用户成本</td><td rowspan="4">50%</td><td rowspan="4">50</td><td>优</td><td>用户量≥1000个且成本低于40元/个，得50分</td></tr>
<tr><td>良</td><td>用户量≥900个且成本低于45元/个，得40分</td></tr>
<tr><td>合格</td><td>用户量≥800个且成本低于50元/个，得30分</td></tr>
<tr><td>不合格</td><td>用户量<700个或成本高于50元/个，得0分</td></tr>
<tr><td rowspan="6">日常工作</td><td rowspan="6">20%</td><td rowspan="6">20</td><td>优</td><td>连续一年达到合格，得20分</td></tr>
<tr><td>良</td><td>连续半年达到合格，得15分</td></tr>
<tr><td rowspan="4">合格</td><td>按要求完成投放素材的检查，得3分（不符合标准不得分）</td></tr>
<tr><td>按计划投放广告，得3分（不符合标准不得分）</td></tr>
<tr><td>不出现微信号错放，得2分（不符合标准不得分）</td></tr>
<tr><td>提前准备账户素材，得2分（不符合标准不得分）</td></tr>
<tr><td rowspan="4">广告分析</td><td rowspan="4">25%</td><td rowspan="4">25</td><td>优</td><td>研究广告投放页面，获取好的用户体验，为公司带来效益并得到上级的认可，得25分</td></tr>
<tr><td>良</td><td>研究广告投放页面，并提供优化的建议，得20分</td></tr>
<tr><td>合格</td><td>每月至少能提供3份关于广告投放的用户体验分析报告，得15分</td></tr>
<tr><td>不合格</td><td>未能提供关于广告投放的用户体验分析报告，得0分</td></tr>
<tr><td>临时任务</td><td>5%</td><td>5</td><td>—</td><td>积极配合完成领导交代的临时任务，由领导评分，得1～5分</td></tr>
<tr><td>合计</td><td>100%</td><td>100</td><td colspan="2">—</td></tr>
</table>

表10-43　某公司策划经理绩效考核方案

<table>
<tr><th rowspan="2">积分分类</th><th rowspan="2">权重</th><th rowspan="2">标准分</th><th colspan="2">积分细则</th></tr>
<tr><th>等级</th><th>积分规则</th></tr>
<tr><td rowspan="2">月度规划</td><td rowspan="2">15%</td><td rowspan="2">15</td><td rowspan="2">—</td><td>协助总监完成月度策略性的内容规划和工作量的规划，计划达成率100%，得10分（按计划达成率得分）</td></tr>
<tr><td>按规划、流程执行工作，计划达成率100%，得5分（按计划达成率得分）</td></tr>
</table>

（续表）

积分分类		权重	标准分	积分细则	
				等级	积分规则
工作量		10%	10	—	完成当月所有工作任务，得5分
					按时完成当天/周/月工作任务量，得5分；当天/周/月工作任务量未完成，扣1分，在5分内扣除，直至扣完为止
质量	朋友圈文案	20%	20	优	达到良且销售业绩达标/获得销售部同事或领导的反馈表扬，得20分
				良	符合以下要求，得15分： 1.能够撰写出与用户形成互动的文案； 2.同一卖点能建立起多种表达方式
				合格	符合以下要求，得10分： 1.准确表达产品的卖点； 2.提炼符合产品卖点的消费场景信息； 3.形成能打动人的文案
				不合格	出现以下任何一项，每次扣1分，在10分内扣除，直至扣完为止： 1.出现错别字； 2.不能准确表达产品卖点； 3.出现不符合产品卖点的消费场景
	平面文案	20%	20	优	达到良且销售业绩达标/获得销售部同事或领导的反馈表扬，得20分
				良	符合以下要求，得15分： 1.能够撰写出与用户形成互动的文案； 2.同一卖点能建立起多种表达方式
				合格	符合以下要求，得10分： 1.准确表达产品的卖点； 2.提炼符合产品卖点的消费场景信息； 3.形成能打动人的文案
				不合格	出现以下任何一项，每次扣1分，在10分内扣除，直至扣完为止： 1.出现错别字； 2.不能准确表达产品卖点； 3.出现不符合产品卖点的消费场景

（续表）

积分分类		权重	标准分	积分细则	
				等级	积分规则
质量	推文	15%	15	优	符合以下要求，得15分： 1.合格且阅读量达到粉丝量的20%； 2.转发、分享次数达1000次以上； 3.主动添加社交软件咨询客户达500个以上
				良	合格且阅读量达到粉丝量的5%～10%，得12分
				合格	符合以下要求，得10分： 1.对文案内容大纲提炼准确； 2.所呈现的内容主旨清晰； 3.文章第一段内容精练，具有吸引力； 4.标题、头图具有吸引力； 5.排版、配图精美
				不合格	出现以下任何一项，每次扣1分，在10分内扣除，直至扣完为止： 1.行文逻辑不通顺； 2.文章第一段内容不够精练，缺乏吸引力； 3.标题、头图缺乏吸引力； 4.排版、配图不精美
	校对	10%	10	合格	及时完成校对工作，无错别字，得10分
				不合格	未及时完成校对工作且出现错别字，得0分
管理工作		5%	5	—	未发生绩效事故，绩效得到上下级的认可，得2分
				—	发生绩效事故或绩效管理执行不到位，得0分
				—	每月组织完成2次培训，得2分
				—	人才培养：每月完成员工辅导表，得3分
临时任务		5%	5	—	积极配合完成领导交代的临时任务，由领导评分，得1～5分
合计		100%	100	—	

表10–44 某公司编导绩效考核方案

积分分类		权重	标准分	积分细则	
				等级	积分规则
月度规划		15%	15	—	协助总监完成月度策略性的内容规划和工作量的规划，计划达成率100%，得10分（按计划达成率得分）
				—	按规划、流程执行工作，计划达成率100%，得5分（按计划达成率得分）
视频输出量		15%	15	—	符合以下要求，得15分： 1.获得总监认可的广告视频5～8条/周； 2.视频号每天1条（6天）
质量	广告推广和视频号创意	30%	30	优	广告推广的投放产出比为1：1.5，得30分
				良	符合以下要求，得25分： 1.推广视频前3秒能吸引到用户、抓住痛点； 2.视频号新上传的内容点赞量达800个以上（2～3天）； 3.对同一产品有多种表达方式
				合格	符合以下要求，得20分： 1.清楚表达价值； 2.背景音乐、字幕效果符合当下短视频方向； 3.画质清晰度高，内容精美； 4.产品逻辑与消费痛点相匹配
				不合格	出现以下任何一项，每次扣2分，在20分内扣除，直至扣完为止： 1.不能清楚表达价值； 2.背景音乐、字幕效果不符合当下短视频方向； 3.画质不清晰，内容不精美； 4.产品逻辑与消费痛点不匹配
电商大节		20%	20	良好	销售业绩达标，得20分
				合格	符合以下要求，得10分： 1.清楚表达价值； 2.背景音乐、字幕效果符合当下短视频方向； 3.画质清晰度高，内容精美； 4.产品逻辑与消费痛点相匹配
				不合格	出现以下任何一项，每次扣1分，在10分内扣除，直至扣完为止： 1.不能清楚表达价值； 2.背景音乐、字幕效果不符合当下短视频方向； 3.画质不清晰，内容不精美； 4.产品逻辑与消费痛点不匹配

（续表）

积分分类	权重	标准分	积分细则	
			等级	积分规则
管理工作	15%	15	—	未发生绩效事故，绩效管理得到上下级的认可，得5分
			—	发生绩效事故或绩效管理执行不到位，得0分
			—	每月组织完成2次培训，得5分
			—	每月完成员工辅导表，得5分
临时任务	5%	5	—	积极配合完成领导交代的临时任务，由领导评分，得1～5分
合计	100%	100	—	

表10-45　某公司剪辑师绩效考核方案

积分分类		权重	标准分	积分细则	
				等级	积分规则
月度规划		10%	10	—	按规划、流程执行工作，计划达成率100%，得10分（按计划达成率得分）
视频输出量		30%	30	—	1.获得总监认可的广告视频5～8条/周； 2.视频号每天1条（6天）； 当月均按要求执行的，得30分；当月有1次未按标准执行的，得20分；当月有2次未按标准执行的，得10分；当月有3次（含）以上未按标准执行的，得0分
质量	广告推广和视频号创意	35%	35	优	广告推广的投放产出比为1：1.5，得35分
				良	符合以下要求，得30分： 1.广告推广视频前3秒能吸引到用户、抓住痛点； 2.视频号新上传的内容点赞量达800个以上（2～3天）； 3.对同一产品有多种表达方式
				合格	符合以下要求，得25分： 1.清楚表达价值； 2.背景音乐、字幕效果符合当下短视频方向； 3.画质清晰度高，内容精美； 4.产品逻辑与消费痛点相匹配
				不合格	出现以下任何一项，每次扣5分，在25分内扣除，直至扣完为止： 1.不能清楚表达价值； 2.背景音乐、字幕效果不符合当下短视频方向； 3.画质不清晰，内容不精美； 4.产品逻辑与消费痛点不匹配

（续表）

积分分类	权重	标准分	积分细则	
			等级	积分规则
电商大节	20%	20	良好	销售业绩达标，得20分
			合格	符合以下要求，得10分： 1.清楚表达价值； 2.背景音乐、字幕效果符合当下短视频方向； 3.画质清晰度高，内容精美； 4.产品逻辑与消费痛点相匹配
			不合格	出现以下一项，每次扣1分，在10分内扣除，直至扣完为止： 1.不能清楚表达价值； 2.背景音乐、字幕效果不符合当下短视频方向； 3.画质不清晰，内容不精美； 4.产品逻辑与消费痛点不匹配
临时任务	5%	5	—	积极配合完成领导交代的临时任务，由领导评分，得1～5分
合计	100%	100	—	

表10-46　某公司摄影师绩效考核方案

积分分类	权重	标准分	积分细则	
			等级	积分规则
视频输出量	20%	20	—	1.获得总监认可的广告视频5～8条/周； 2.视频号每天1条（6天） 当月均按要求执行的，得20分；当月有1次未按标准执行的，得10分；当月有2次未按标准执行的，得5分；当月有3次（含）以上未按标准执行的，得0分

（续表）

积分分类		权重	标准分	积分细则	
				等级	积分规则
质量	广告推广和视频号创意	30%	30	优	广告推广的投放产出比为1：1.5，得30分
				良	符合以下要求，得25分： 1.广告推广视频前3秒能吸引到用户、抓住痛点； 2.视频号新上传的内容点赞量达800个以上（2～3天）； 3.对同一产品有多种表达方式
				合格	符合以下要求，得20分： 1.清楚表达价值； 2.画质清晰度高，内容精美； 3.拍摄角度多样化
				不合格	出现以下任何一项，每次扣2分，在20分内扣除，直至扣完为止： 1.不能清楚表达价值； 2.画质不清晰，内容不精美
	平面图片拍摄	25%	25	优	达到良且销售业绩达标或获得销售部同事或领导的表扬，得25分
				良	对同一产品有多种表达方式，得20分
				合格	符合以下要求，得15分： 1.清楚表达价值； 2.画质清晰度高，内容精美； 3.拍摄角度多样化
				不合格	出现以下任何一项，每次扣2分，在15分内扣除，直至扣完为止： 1.不能清楚表达价值； 2.画质不清晰，内容不精美

（续表）

积分分类	权重	标准分	积分细则	
			等级	积分规则
电商大节	20%	20	良好	销售业绩达标，得20分
			合格	符合以下要求，得10分： 1.清楚表达价值； 2.画质清晰度高，内容精美； 3.拍摄角度多样化
			不合格	出现以下一项，每次扣1分，在10分内扣除，直至扣完为止： 1.价值点表达不清楚； 2.画质不清晰、内容不精美
临时任务	5%	5	—	积极配合完成领导交代的临时任务，由领导评分，得1～5分
合计	100%	100	—	

表10-47　某公司主播绩效考核方案

积分分类	权重	标准分	积分细则	
			等级	积分规则
视频模特工作	45%	45	—	能配合视频拍摄，当月积极配合，得45分；当月有1次不积极配合的，得30分；当月有2次不积极配合的，得20分；当月有3次不积极配合的，得10分；当月有3次以上不积极配合的，得0分
主播	30%	30	优	销售业绩对比上个月提升3倍（含）以上，得30分
			良	符合以下要求，得25分： 1.每周至少提供1份话术改良方案，得到总监认可并执行； 2.优化直播入口图和标题（观看人数达1000人以上）
			合格	符合以下要求，得20分： 1.熟悉各款产品的特性、属性； 2.能熟练地将产品特点与消费痛点结合起来； 3.熟悉各大平台的规则，没有出现被禁播的情况
			不合格	出现以下任何一项，每次扣1分，在20分内扣除，直至扣完为止： 1.对产品的特性、属性不熟悉； 2.不能把产品特点与消费痛点结合起来； 3.不熟悉各大平台的规则，出现被禁播的情况

（续表）

积分分类	权重	标准分	积分细则	
			等级	积分规则
电商大节	20%	20	良好	销售业绩达标，得20分
			合格	符合以下要求，得10分： 1.熟悉各款产品的特性、属性； 2.能熟练地将产品特点与消费痛点结合起来； 3.熟悉各大平台的规则，没有出现被禁播的情况
			不合格	出现以下任何一项，每次扣1分，在10分内扣除，直至扣完为止： 1.对产品的特性、属性不熟悉； 2.不能把产品特点与消费痛点结合起来； 3.不熟悉各大平台的规则，出现被禁播的情况
临时任务	5%	5	—	积极配合完成领导交代的临时任务，由领导评分，得1～5分
合计	100%	100	—	

表10-48　某公司设计经理绩效考核方案

积分分类		权重	标准分	积分细则	
				等级	积分规则
计划执行		5%	5	—	按规划、流程执行工作，计划达成率100%，得5分（按计划达成率得分）
工作量		10%	10	—	完成当月所有工作任务，得5分
				—	按时完成当天/周/月工作任务量，得5分；当天/周/月工作任务量未完成，扣1分，在5分内扣除，直至扣完为止
质量	朋友圈图片	15%	15	优	创意点独特且获得部门领导的认可，得15分
				良	达到合格且创意点独特，得12分
				合格	符合以下要求，得10分： 1.排版美观； 2.产品卖点、逻辑不出错； 3.空间与色彩搭配合理； 4.朋友圈图片不点击放大也看得清楚
				不合格	出现以下任何一项，每次扣1分，在10分内扣除，直至扣完为止： 1.出现错别字、产品错放等相关错误； 2.空间与色彩搭配不合理； 3.朋友圈图片不点击放大就看不清楚

（续表）

积分分类		权重	标准分	积分细则	
				等级	积分规则
质量	落地页设计	15%	15	优	创意点独特且获得部门领导的认可，得15分
				良	达到合格且创意点独特，对同一卖点有多种表达方式，得12分
				合格	符合以下要求，得10分： 1.排版美观； 2.产品卖点、逻辑不出错； 3.空间与色彩搭配合理
				不合格	出现以下任何一项，每次扣1分，在10分内扣除，直至扣完为止： 1.出现产品错放等相关错误； 2.空间与色彩搭配不合理
	推广图片	15%	15	优	创意点独特且获得部门领导的认可，得15分
				良	达到合格且创意点独特，对同一卖点有多种表达方式，得12分
				合格	符合以下要求，得10分： 1.符合广告法、平台要求； 2.排版美观； 3.产品卖点、逻辑不出错； 4.空间与色彩搭配合理
				不合格	出现以下任何一项，每次扣1分，在10分内扣除，直至扣完为止： 1.不符合广告法、平台要求； 2.排版不美观； 3.产品卖点、逻辑出错； 4.空间与色彩搭配不合理
	推文排版设计	10%	10	优	符合以下要求，得10分： 1.合格且阅读量达到粉丝量的20%； 2.转发、分享次数达800次以上； 3.主动添加社交软件咨询客户达500个以上
				良	合格且阅读量达到粉丝量的5%～10%，得8分
				合格	符合以下要求，得5分： 1.图片精美； 2.图片与内容匹配； 3.卖点展示清晰； 4.排版精美
				不合格	出现以下任何一项，每次扣1分，在5分内扣除，直至扣完为止： 1.图片不精美； 2.图片与内容不匹配； 3.卖点展示不清晰

（续表）

积分分类	权重	标准分	积分细则	
			等级	积分规则
电商大节	20%	20	良好	销售业绩达标，得20分
			合格	符合以下要求，得10分： 1.图片精美； 2.图片与内容匹配； 3.卖点展示清晰； 4.排版精美
			不合格	出现以下任何一项，每次扣1分，在10分内扣除，直至扣完为止： 1.图片不精美； 2.图片与内容不匹配； 3.卖点展示不清晰
管理工作	5%	5	—	未发生绩效事故，绩效得到上下级的认可，得2分
				发生绩效事故或绩效管理执行不到位，不得分
			—	每月组织完成1次培训，得1分
			—	人才培养：每月完成员工辅导表，得2分
临时任务	5%	5	—	积极配合完成领导交代的临时任务，由领导评分，得1～5分
合计	100%	100	—	

表10-49　某公司设计师绩效考核方案

积分分类	权重	标准分	积分细则	
			等级	积分规则
工作量	20%	20	—	完成当月所有工作任务，得10分
			—	按时完成当天/周/月工作任务量，得10分；当天/周/月工作任务量未完成，扣1分，在10分内扣除，直至扣完为止

（续表）

<table>
<tr><th colspan="2" rowspan="2">积分分类</th><th rowspan="2">权重</th><th rowspan="2">标准分</th><th colspan="2">积分细则</th></tr>
<tr><th>等级</th><th>积分规则</th></tr>
<tr><td rowspan="12">质量</td><td rowspan="4">朋友圈图片</td><td rowspan="4">15%</td><td rowspan="4">15</td><td>优</td><td>创意点独特且获得部门领导的认可，得15分</td></tr>
<tr><td>良</td><td>达到合格且创意点独特，得12分</td></tr>
<tr><td>合格</td><td>符合以下要求，得10分：
1.排版美观；
2.产品卖点、逻辑不出错；
3.空间与色彩搭配合理；
4.朋友圈图片不点击放大也看得清楚</td></tr>
<tr><td>不合格</td><td>出现以下任何一项，每次扣1分，在10分内扣除，直至扣完为止：
1.出现错别字、产品错放等相关错误；
2.空间与色彩搭配不合理；
3.朋友圈图片不点击放大就看不清楚</td></tr>
<tr><td rowspan="4">落地页设计</td><td rowspan="4">15%</td><td rowspan="4">15</td><td>优</td><td>创意点独特且获得部门领导的认可，得15分</td></tr>
<tr><td>良</td><td>达到合格且创意点独特，对同一卖点有多种表达方式，得12分</td></tr>
<tr><td>合格</td><td>符合以下要求，得10分：
1.排版美观；
2.产品卖点、逻辑不出错；
3.空间与色彩搭配合理</td></tr>
<tr><td>不合格</td><td>出现以下任何一项，每次扣3分，在10分内扣除，直至扣完为止：
1.出现产品错放等相关错误；
2.空间与色彩搭配不合理</td></tr>
<tr><td rowspan="4">推广图片</td><td rowspan="4">15%</td><td rowspan="4">15</td><td>优</td><td>创意点独特且获得部门领导的认可，得15分</td></tr>
<tr><td>良</td><td>达到合格且创意点独特，对同一卖点有多种表达方式，得12分</td></tr>
<tr><td>合格</td><td>符合以下要求，得10分：
1.符合广告法、平台要求；
2.排版美观；
3.产品卖点、逻辑不出错；
4.空间与色彩搭配合理</td></tr>
<tr><td>不合格</td><td>出现以下任何一项，每次扣1分，在10分内扣除，直至扣完为止：
1.不符合广告法、平台要求；
2.排版不美观；
3.产品卖点、逻辑出错；
4.空间与色彩搭配不合理</td></tr>
</table>

（续表）

积分分类		权重	标准分	积分细则	
				等级	积分规则
质量	推文排版设计	10%	10	优	符合以下要求，得10分： 1.达到合格且阅读量达到粉丝量的20%； 2.转发、分享次数达800次以上； 3.主动添加社交软件咨询客户达500个以上
				良	达到合格且阅读量达到粉丝量的5%～10%，得8分
				合格	符合以下要求，得5分： 1.图片精美； 2.图片与内容匹配； 3.卖点展示清晰； 4.排版精美
				不合格	出现以下任何一项，每次扣1分，在5分内扣除，直至扣完为止： 1.图片不精美； 2.图片与内容不匹配； 3.卖点展示不清晰
电商大节		20%	20	良好	销售业绩达标，得20分
				合格	符合以下要求，得10分： 1.图片精美； 2.图片与内容匹配； 3.卖点展示清晰； 4.排版精美
				不合格	出现以下任何一项，每次扣1分，在10分内扣除，直至扣完为止： 1.图片不精美； 2.图片与内容不匹配； 3.卖点展示不清晰
临时任务		5%	5	—	积极配合完成领导交代的临时任务，由领导评分，得1～5分
合计		100%	100	—	

表10-50　某公司文案撰写员绩效考核方案

积分分类		权重	标准分	积分细则	
				等级	积分规则
工作量		30%	30	—	完成当月所有工作任务，得10分
				—	按时完成当天/周/月工作任务量，得20分；当天/周/月工作任务量未完成，扣2分，在20分内扣除，直至扣完为止
质量	朋友圈文案	15%	15	良	符合以下要求，得15分： 1.能够撰写出与用户形成互动的文案； 2.对同一卖点有多种表达方式
				合格	符合以下要求，得10分： 1.准确表达产品卖点； 2.行文逻辑通顺； 3.能够撰写出符合产品风格的文案
				不合格	出现以下任何一项，每次扣1分，在10分内扣除，直至扣完为止： 1.出现错别字； 2.不能准确表达产品卖点； 3.出现不符合产品卖点的消费场景
	平面文案	15%	15	良	符合以下要求，得15分： 1.能够撰写出与用户形成互动的文案； 2.对同一卖点有多种表达方式
				合格	符合以下要求，得10分： 1.准确表达产品卖点； 2.行文逻辑通顺； 3.能够撰写出符合产品风格的文案
				不合格	出现以下任何一项，每次扣1分，在10分内扣除，直至扣完为止： 1.出现错别字； 2.不能准确表达产品卖点； 3.出现不符合产品卖点的消费场景
	推文	15%	15	合格	符合以下要求，得15分： 1.准确表达产品卖点； 2.行文逻辑通顺； 3.没有出现错别字
				不合格	出现以下任何一项，每次扣1分，在15分内扣除，直至扣完为止： 1.不能准确表达产品卖点； 2.行文逻辑不通顺； 3.出现错别字

（续表）

积分分类		权重	标准分	积分细则	
				等级	积分规则
质量	校对	20%	20	合格	及时完成校对工作，无错别字，得20分
				不合格	不能及时完成校对工作且出现错别字，每次扣2分，在20分内扣除，直至扣完为止
临时任务		5%	5	—	积极配合完成领导交代的临时任务，由领导评分，得1～5分
合计		100%	100	—	

四、软件行业薪酬绩效设计案例

1. 软件行业管理现状

数字经济的发展颠覆了全球软件业和软件贸易，由于市场逐渐趋于饱和，软件开发公司面临的竞争也愈来愈激烈。而随着新一轮科技的发展，要想在市场中立足并占据一席之地，在风口浪尖上屹立不倒，软件开发公司还得从自身的技术和服务着手，进行突破与创新。

软件开发公司要在技术上创新，离不开人才，人才在高新技术中占据重要位置。人力成本是软件企业的最大成本，而研发人员的创造力和积极性在很大程度上决定了其在市场中的技术水平和行业竞争力。当下，很多企业管理落后，导致员工执行力弱、人才流动性大等问题。

我服务过一家深圳的软件开发公司，老板对研发人员有“爱得要死、恨得要命”的感觉。为什么“爱得要死”？因为他们的技术好，研发出来的产品与众不同，让客户耳目一新，而且他们代表着公司的品牌。

为什么“恨得要命”？老板举了一个例子：有一天晚上，公司来了一个大客户，老板为了让客户满意，觉得让某员工来服务这个客户是最让人放心的，老板打电话通知他到公司来，但他觉得现在是下班时间，就是不同意回公司，这就容易得罪客户。老板一下子对他从“爱得要死”变成“恨得要命”，更“恨得要命”的是，第二天还不能把他赶走，因为把他赶走了，老板连“恨得要命”的人都没有了。

2. 软件企业的人才画像

当下，软件开发公司的员工普遍都是“90后”，这些新生代都崇尚自由，不喜欢被管理、被约束。

新生代人才的成长经历与“70后”“80后”不同，他们的生活条件优渥，多为独生子女，在成长过程中没有吃、住的压力，大多都是在家庭的宠爱中长大。他们偏向以自我为中心，学历水平比较高，由于专业领域的关系，他们还有一个共性，那就是比较沉闷，喜欢宅家，但思维非常活跃，创造力很强。

3. 软件企业的管理方法

在人才竞争激烈的互联网时代，人力成本不断上涨，公司应该如何管理新生代的研发人员？结合这类人才画像，我们可以总结出两点：

（1）喜欢被认可。企业需要采取一套正面激励及有效的方法使研发人员在工作上始终保持旺盛的士气、高昂的工作劲头，激发他们的创造力，才有可能提升企业效益。

（2）勇于挑战。这类员工不喜欢被条条框框约束，企业要以目标结果为导向，让他们在达成每个目标的时候产生成就感并不断地挑战更高难度的目标。

我们从丰富的落地经验中得出以下结论：软件公司有成效的考核方式是OKR目标管理法。OKR目标管理法注重的是过程与沟通，注重如何实现目标，鼓励员工设定具有挑战性的任务，同时注重动态的自我管理，使员工主动工作，激发员工的创造力。下面是A软件公司的目标制定案例以及薪酬激励方案，供大家参考，见表10–51、表10–52。

表10-51 A软件公司测试工程师第一季度OKR

序号	目标（O）	关键结果（KR）	完成情况	信心指数	个人评分	上级评分
1	保证产品质量，提高用例覆盖率，减少故障出现率达到3%	每次迭代升级后，故障数控制在3个以内		7		
		在1个月内完成用例库建设		8		
		自动化回归覆盖到工作流重点模块，减少故障，故障数控制在5个以内		7		
		开展2次数据安全相关测试，达成预期效果		7		
		质量统计增加2个维度：数据安全方面问题严重度及找出原因		7		
2	提升测试效率，减少手工测试68小时	自动化实现工作流测试要求，减少“回归/新业务”测试50小时		8		
		接口测试实现细节要点，减少迭代手工测试10小时		7		
		用例标准化建设达到90%，用例开发时间控制在8小时以内		7		
3	通过版本迭代升级驱动软件质量进步	实施/客服反馈问题工单减少10%		7		
		每月实施/客服售后支持工作减少16小时		7		
		每月修复系统已知细节性故障 30个		8		
4	提高测试和服务团队之间的协作效率	确定一套无执行问题的线上事务推进制度		7		
		合作整理出至少50个常见问题的解决方案		7		
		重要工单在30分钟内处理，及时清空2天内未推进的工单		8		

表10-52　A软件公司运维工程师第一季度OKR

序号	目标（O）	关键结果（KR）	完成情况	信心指数	个人评分	上级评分
1	提升系统整体健康度达95分	系统可用率达到99.99%		7		
		完善系统日志监控警告，覆盖率达到98%，事件有效预警达到100%		7		
		审批功能队列模块完善加固，规避流程类风险		8		
		优化权限类部署结构设计，集群健康度达到95分		8		
2	户外场景下的方案建设与优化，减少人员投入与重复工作	确定户外操作批量运作方案，减少户外实施场景下的重复工作		8		
		拟定并落实2项优化方案，减少人员投入（从50人减少到30人）		8		
		优化某市内现有运作方案，争取仅配备5人就能支撑维护现有工作		8		
3	提高协作效率，跟团队一起成长学习	每月召开2期复盘会，沟通改进问题，减少50%的开发/测试返工时间		8		
		参加3期学习交流大会，总结成PPT并分享给团队		8		
		组织商讨生产优化方案，在已有基础上减少客户10%的物料成本		8		

OKR与季度项目奖金挂钩，目标具有挑战性的，完成度基本上很难达到100%，OKR评分为6分的，属于合格，评分为8分的，属于优秀。因此可以根据团队OKR得分情况划分项目奖金比例，越优秀、越称职的员工的奖金比例越高。

另外，为推进研发人员每个月的目标计划，企业会实施绩效管理，以下是B软件公司的绩效考核方案，见表10-53至表10-58。

表10-53 B软件公司产品经理绩效激励表

指标	权重	标准分	积分细则
计划总结	20%	20	合格： 1.及时制订开发计划，项目节点排期清晰； 2.每周五上午10:00提交周总结与周计划； 3.每月2日前完成绩效评定（节假日提前）。 达到以上要求，得20分
			不合格： 1.未及时制订开发计划，计划不清晰，扣1～5分，在标准分内扣除，直至扣完为止； 2.未按要求提交周总结与周计划，扣1～5分，在标准分内扣除，直至扣完为止
项目进度	35%	35	优： 团队目标有挑战性且符合企业要求，能按时完成，根据实际情况，可在合格的基础上额外加5～10分
			合格： 按项目排期准时完成，得30分
			不合格： 延期完成，延期1天，得25分；延期2天，得20分；延期3天（含）以上，得10分
项目质量	20%	20	优： 产品具有核心竞争力（与奖金挂钩）
			良： 1.产品得到市场的认可，并能提升公司产值，由公司相关人员评估（与奖金挂钩）； 2.能提出产品改善流程或改进方法，加1～5分
			合格： 产品功能达到预期，得20分
			不合格： 1.出现文字、图片错误，扣2分； 2.未同步更新日志，扣2分。 出现以上问题，在标准分内扣除，直至扣完为止

（续表）

指标	权重	标准分	积分细则
用户体验	20%	20	优： 项目功能设计能提升产品竞争力，给销售部门提升业绩，根据实际情况，可在合格的基础上额外加5～10分
			良： 能站在客户的角度主动找出问题，提出建议且得到上级认可并执行，根据实际情况，可额外加1～3分
			合格： 能站在客户的角度思考问题，并进行设计开发，得20分
			不合格： 未站在客户的角度思考问题，根据实际情况，扣1～10分，在标准分内扣除，直至扣完为止
制度执行	5%	5	合格： 按照公司的相关制度执行，得5分
			不合格： 1.一个月迟到（包括早会）超过2次，得0分； 2.上班做与工作无关的事，得0分； 3.未按要求戴工牌，一个月超过2次，得0分； 4.未按公司的相关制度流程执行，每次扣1分，在标准分内扣除，直至扣完为止
合计	100%	100	—

表10-54　B软件公司技术总监绩效激励表

指标	权重	标准分	积分细则
项目进度	45%	45	优： 合理安排和协调技术人员的工作，工作效率提高1%～30%，工作饱和度提高，根据实际情况，可在合格的基础上额外加5～10分
			合格： 按项目排期准时完成，得45分
			不合格： 延期完成，延期1天，得40分；延期2天，得35分；延期3天（含）以上，得25分

（续表）

指标	权重	标准分	积分细则
项目、运维质量	40%	40	优： 1.产品得到市场的认可，并能提升公司产值，由公司相关人员评估（与奖金挂钩）； 2.能提出产品改善流程或改进方法。 达到以上要求，根据实际情况，可在合格的基础上额外加1～5分
			合格： 1.产品功能、性能达到预期； 2.系统稳定； 3.维护服务器安全； 4.数据没有丢失。 达到以上要求，得40分
			不合格： 1.未及时处理系统故障，影响客户使用，扣2～5分； 2.产品功能或性能未达到预期，扣1～5分； 3.系统出现超过2小时打不开的情况，或当天系统出现2次以上打不开的情况，扣5分； 4.数据丢失，扣5～40分； 5.出现文字性错误，扣2分。 出现以上问题，在标准分内扣除，直至扣完为止
用户体验	10%	10	优： 项目功能设计能提升产品竞争力，给销售部门提升业绩，根据实际情况，可在合格的基础上额外加5～10分，在标准分以外额外加分
			良： 能站在客户的角度主动找出问题，提出建议且得到上级认可并执行，根据实际情况，可在合格的基础上额外加1～3分
			合格： 能站在客户的角度思考问题，并进行设计开发，得10分
			不合格： 未站在客户的角度思考问题，视具体情况扣1～10分，在标准分内扣除，直至扣完为止
制度执行	5%	5	合格： 按照公司的相关制度执行，得5分
			不合格： 1.一个月迟到（包括早会）超过2次，得0分； 2.上班做与工作无关的事，得0分； 3.未按要求戴工牌，一个月超过2次，得0分； 4.未按公司的相关制度流程执行，每次扣1分，在标准分内扣除，直至扣完为止
合计	100%	100	—

表10-55　B软件公司后端开发工程师绩效激励表

指标	权重	标准分	积分细则
项目进度	45%	45	优： 效率提升1%～30%，根据实际情况，可在合格的基础上额外加1～10分
			合格： 按项目功能节点准时完成，得45分
			不合格： 延期完成，延期1天，得40分；延期2天，得35分；延期3天（含）以上，得25分
项目质量	40%	40	优： 对自己开发的功能进行功能测试及性能测试，并把测试后的数据（QPS、平均处理速度等）放在接口文档上，根据实际情况，可在合格的基础上额外加2分
			合格： 1.按代码规范完成产品开发； 2.开发、测试后未产生严重故障； 3.开发、测试后未产生低级错误。 达到以上要求，得40分
			不合格： 1.未及时处理系统故障，影响客户使用，扣2～5分； 2.所负责模块返测阶段出现故障，故障数量在5个以上的，每超出1个扣2～5分； 3.出现文字性错误，扣2分。 出现以上问题，在标准分内扣除，直至扣完为止
用户体验	10%	10	优： 项目功能设计能提升产品竞争力，给销售部门提升业绩，根据实际情况，可在合格的基础上额外加5～10分
			良： 能站在客户的角度主动找出问题，提出建议且得到上级认可并执行，根据实际情况，可在合格的基础上额外加1～3分
			合格： 能站在客户的角度思考问题，并进行设计开发，得10分
			不合格： 未站在客户的角度思考问题，视具体情况扣1～10分，在标准分内扣除，直至扣完为止
制度执行	5%	5	合格： 按照公司的相关制度执行，得5分
			不合格： 1.一个月迟到（包括早会）超过2次，得0分； 2.上班做与工作无关的事，得0分； 3.未按要求戴工牌，一个月超过2次，得0分； 4.未按公司的相关制度流程执行，每次扣1分，在标准分内扣除，直至扣完为止
合计	100%	100	—

表10-56　B软件公司前端开发工程师绩效激励表

指标	权重	标准分	积分细则
项目进度	45%	45	优： 效率提升1%～30%，根据实际情况，可在合格的基础上额外加1～10分
			合格： 按项目功能节点准时完成，得45分
			不合格： 延期完成，延期1天，得40分；延期2天，得35分；延期3天（含）以上，得25分
项目质量	40%	40	优： 对自己开发的界面、组件进行测试，并在交互上进行优化，且得到客户或领导认可，根据实际情况，可在合格的基础上额外加2～10分
			合格： 1.按代码规范完成产品开发； 2.开发、测试后未产生严重故障； 3.开发、测试后未产生低级错误； 达到以上要求，得40分
			不合格： 1.未及时处理系统故障，影响客户使用，扣2～5分； 2.所负责模块返测阶段出现故障，故障数量在5个以上的，每超过1个扣2～5分； 3.出现文字、图片错误，扣2分。 出现以上问题，在标准分内扣除，直至扣完为止
用户体验	10%	10	优： 项目功能设计能提升产品竞争力，给销售部门提升业绩，根据实际情况，可在合格的基础上额外加5～10分
			良： 能站在客户的角度主动找出问题，提出建议且得到上级认可并执行，根据实际情况，可在合格的基础上额外加1～3分
			合格： 能站在客户的角度思考问题，并进行设计开发，得10分
			不合格： 未站在客户的角度思考问题，视具体情况扣1～10分，在标准分内扣除，直至扣完为止
制度执行	5%	5	合格： 按照公司的相关制度执行，得5分
			不合格： 1.一个月迟到（包括早会）超过2次，得0分； 2.上班做与工作无关的事，得0分； 3.未按要求戴工牌，一个月超过2次，得0分； 4.未按公司的相关制度流程执行，每次扣1分，在标准分内扣除，直至扣完为止
合计	100%	100	—

表10-57 B软件公司测试工程师绩效激励表

<table>
<tr><th>指标</th><th>权重</th><th>标准分</th><th>积分细则</th></tr>
<tr><td rowspan="3">项目进度</td><td rowspan="3">45%</td><td rowspan="3">45</td><td>优：
效率提升1%～30%，根据实际情况，可在合格的基础上额外加1～10分</td></tr>
<tr><td>合格：
按项目排期准时完成（用例的编写、测试），得45分</td></tr>
<tr><td>不合格：
延期完成，延期1天，得40分；延期2天，得35分；延期3天（含）以上，得25分</td></tr>
<tr><td rowspan="3">项目质量</td><td rowspan="3">40%</td><td rowspan="3">40</td><td>优：
能找出产品设计功能、流程、性能的缺陷，根据实际情况，可在合格的基础上额外加2分</td></tr>
<tr><td>合格：
产品上线后达到预期，得40分</td></tr>
<tr><td>不合格：
1.产品上线后未达到预期，扣1～10分；
2.上线后出现严重故障，每个扣2～5分；
3.出现文字、图片错误，扣2分。
出现以上问题，在标准分内扣除，直至扣完为止</td></tr>
<tr><td rowspan="4">用户体验</td><td rowspan="4">10%</td><td rowspan="4">10</td><td>优：
项目功能设计能提升产品竞争力，给销售部门提升业绩，根据实际情况，可在合格的基础上额外加5～10分</td></tr>
<tr><td>良：
工作中能从客户的角度主动找出问题，提出建议且得到上级认可并执行，根据实际情况，可在合格的基础上额外加1～3分</td></tr>
<tr><td>合格：
能站在客户的角度思考问题，并进行设计开发，得10分</td></tr>
<tr><td>不合格：
未站在客户的角度思考问题，视具体情况扣1～10分，在标准分内扣除，直至扣完为止</td></tr>
<tr><td rowspan="2">制度执行</td><td rowspan="2">5%</td><td rowspan="2">5</td><td>合格：
按照公司的相关制度执行，得5分</td></tr>
<tr><td>不合格：
1.一个月迟到（包括早会）超过2次，得0分；
2.上班做与工作无关的事，得0分；
3.未按要求戴工牌，一个月超过2次，得0分；
4.未按公司的相关制度流程执行，每次扣1分，在标准分内扣除，直至扣完为止</td></tr>
<tr><td>合计</td><td>100%</td><td>100</td><td>—</td></tr>
</table>

表10-58　B软件公司UI设计工程师绩效激励表

指标	权重	积分	积分细则
用户体验	40%	40	优： 项目功能设计能提升产品竞争力，给销售部门提升业绩，根据实际情况，可在合格的基础上额外加5～10分
			良： 能站在客户的角度主动找出问题，提出建议且得到上级认可并执行，根据实际情况，可在合格的基础上额外加1～3分
			合格： 工作中能站在客户的角度思考问题，并进行设计，得40分
			不合格： 未站在客户的角度思考问题，视具体情况扣3～10分，在标准分内扣除，直至扣完为止
规范性	10%	10	优： 能清晰、完整地标注全部输出产品，UI设计规范，与团队衔接顺畅，根据实际情况，可在合格的基础上额外加5分
			合格： 页面UI设计规范，特殊页面提供标注UI图，得10分
			不合格： 页面UI设计不规范，特殊页面未提供标注UI图，扣1分，在标准分内扣除，直至扣完为止
工作效率	35%	35	优： 效率提升1%～30%，得35分，根据实际情况，可在合格的基础上额外加1～10分
			合格： 按项目排期准时完成，得35分
			不合格： 延期完成，延期1天，得30分；延期2天，得25分；延期3天（含）以上，得15分
工作质量	10%	10	优： 准确理解产品受众、用户的特点，设计风格符合大众审美要求并获得用户好评，根据实际情况，可在合格的基础上额外加5分
			合格： 能够按照原形和借鉴其他产品风格完成产品的UI设计，前端设计完成后进行验收，得10分
			不合格： 1.UI设计成果基本满足要求，无明显亮点，有部分返工，扣2分； 2.上线项目存在问题，需要紧急更新，扣5分。 出现以上问题，在标准分内扣除，直至扣完为止

（续表）

指标	权重	积分	积分细则
制度执行	5%	5	合格： 按照公司的相关制度执行，得5分
			不合格： 1.一个月迟到（包括早会）超过2次，得0分； 2.上班做与工作无关的事，得0分； 3.未按要求戴工牌，一个月超过2次，得0分； 4.未按公司的相关制度流程执行，每次扣1分，在标准分内扣除，直至扣完为止
合计	100%	100	—

4. 软件企业绩效结果的应用

（1）员工当月的绩效得分与绩效工资挂钩，见表10–59。

表10–59 绩效计算表

绩效等级	绩效得分	绩效工资计算公式
优	≥120分	绩效工薪=月实际绩效得分÷100分×绩效工资标准
良	≥100分	
合格	≥95分	
有待改善	<95分	
不合格	<80分	

（2）绩效分参与年度利润分红与贡献奖。

（3）一年中超出（含）3个月绩效不合格的，不享受年度分红。

（4）连续2个月绩效等级为“有待改善”的，需对其进行转岗或再次培训；培训后该员工的绩效等级仍为“有待改善”的，将其作为末位淘汰对象。

五、口腔医疗行业薪酬绩效设计案例

口腔医疗行业是当下一个很热门的行业，讲究的是技术与管理。管理口腔医疗行业跟管理餐饮行业的方法类似，不同的是产品。与餐饮行业相比，口腔医疗行业还要解决信任的问题，管理起来更难，因为口腔医生的能力无法被标准化、被复制，口腔医生难培养，培养出来的口腔医生很容易成为竞争对手，或被别的医院高价挖走。所以很多口腔医院的主治医生就是老板，如果老板自己做了主治医生，那么他就很难建立另外一家口腔医院，很难形成规模化，很难设置员工的晋升体系，老板也会越做越辛苦。

再难的问题也有解决的办法。在解决问题之前，我们先了解什么叫作管理。管理是指管人和理事。彼得·德鲁克曾经说过，管理的任务是使人与人之间能够协调配合，扬长避短，发挥最大的集体效益。

那么，人与人之间的协调配合靠什么呢？一是靠共同目标，二是靠流程，三是靠分配体系。

做好这三点，才能解决管理的问题。我们先看一下某口腔医院的组织结构图，见图10-2。

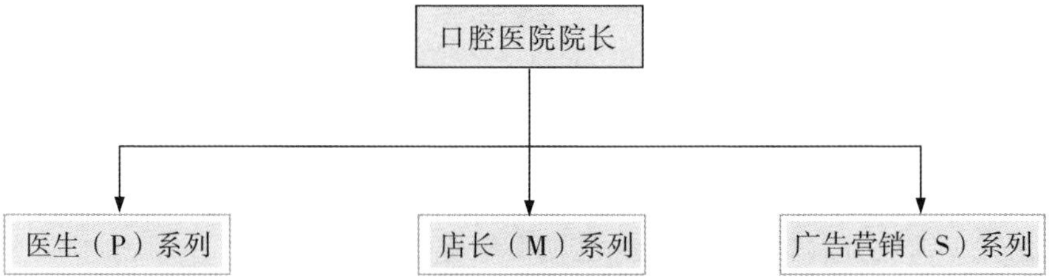

图10-2　某口腔医院组织结构图

这家口腔医院主要有三个部门，最核心的部门是医生（P）系列，这个部门的管理问题解决了，这家口腔医院的问题就解决了一大半。

下面给大家介绍的是针对口腔医院的绩效考核案例。

1. 护士岗位晋升的设置

护士岗位晋升设计见表10-60。

表10-60　护士岗位晋升设计表

岗位名称	岗位工资（元）	目标达成	开新店投资奖励	具体要求
高级护士长（店长）	3000			
护士长（副店长）	2000			
高级护士	1200			
护士	800			
见习护士	500			

岗位工资与员工的能力挂钩，以岗位定等级。针对见习护士，口腔医院必须有一套标准化的业务流程、服务流程。把流程设置成什么样才是合格的呢？一个新人经过一天的流程学习，知道第一步做什么，第二步做什么，第三步做什么，就能完全按要求处理好相关工作。医院如果能把流程设计成这种程度，员工容易上手，那么管理医院就不再那么困难了。

见习护士能按照医院设定的流程工作，就能拿到500元。店长需每天对见习护士进行打分，规则如下：

（1）正常出勤的，每天奖励5分。

（2）按流程完成当天工作的，奖励20分。

（3）未按流程执行当天工作的，每次扣5分。

（4）按医院要求着装的，每天奖励2分；未按医院要求着装的，每次扣5分。

（5）服务态度好，得到客户表扬（要有具体事件）的，每次奖励5分。

见习护士晋升为护士的时间不能设置得太长，要让新来的见习护士看到希望，一般为3～5月，根据其能力决定是否晋升。针对新来的见习护士，护士长要根据其能力制订晋升方案，具体量化办法见表10-61至表10-63。

表10-61 沟通能力量化标准

能力等级	标准
一级沟通能力	能单独处理医院突发性事件；回答紧急问题等
二级沟通能力	能够进行一对多的演说；能做培训、做宣传
三级沟通能力	能为医院提供可行性的意见或建议
四级沟通能力	能听；能说

表10-62 学习能力量化标准

能力等级	标准
一级学习能力	学到同行相关经验；优化医院工作与管理流程
二级学习能力	财务能力达到二级
三级学习能力	客户需求诊断能力达到三级
四级学习能力	熟悉本岗位工作流程；通过医院制度与文化考试

表10-63 执行能力量化标准

能力等级	标准
一级执行能力	能设计并实施方案；能依据目标修正方案；提前完成任务；工作质量达到优秀；善于复盘，分享好的经验给团队
二级执行能力	能准确把握上级的指示，有效地制订计划；当情况出现变化时，能及时反馈，并提供相应的行动方案保质保量地完成任务
三级执行能力	能制订一般性计划，采取措施保质保量地完成上级交办的任务
四级执行能力	能制订工作计划，能基本完成上级交办的任务

对每个等级需要的能力进行量化，也是对员工的能力进行量化，能够让员工清楚地知道自己的各种能力在哪个等级，还需要努力多久才能晋升。比

如，护士长晋升为高级护士长（店长）要求如下：

（1）沟通能力达到1级；

（2）财务能力达到1级；

（3）学习能力达到1级；

（4）执行能力达到2级；

（5）令下属保持责任感的能力达到2级。

2. 目标超额达成奖励

目标超额达成，当月奖励一半的分红。比如高级护士长（店长）当月目标超额达成50万元，获得现金3000元，另外的3000元用来购买医院的虚拟股权。设置虚拟股权可以解决留人问题，还能增加员工收入，实现双赢。有关股权分配的方法，请关注我后期出版的有关书籍。奖励分红的设置见表10–64。

表10–64　奖励分红表

月目标超额达成（万元）	奖励现金（元）			
	护士	高级护士	护士长（副店长）	高级护士长（店长）
20	500	1000	1500	2000
30	1000	2000	3000	4000
50	3000	4000	5000	6000

3. 新店的投资奖励

新店的投资奖励的方式主要有三种：第一，拥有一定数量的分红股，比如员工有10万股的分红股，可以投资两家店，每家店5万股，如果新店的投资额是100万元，那么这名员工享有5%的股权；第二，给新店输送人才，根据输送的人才贡献率享受一定比例的分红，人才离职则不享受分红；第三，员工可以投资新店并享受一定比例的分红，员工最多投资额不超过员工的分红股数。

到这个时候，不管是老店的收入还是新店的收入都跟每个员工绑定了，大家自然就会用心工作，新店赚的钱越多，员工获得的分配就越多，每个员工都是为自己创业。

4. 护士岗位积分规则

（1）积分规则。

①完成当月工作的，奖励100分。

②观察并记录患者的病情变化，将异常情况及时报告医师，未及时报告的，每次扣2分。

③未按要求保管好种植材料、急救车物品以及各种设备的，扣1分；丢失的，照价赔偿。

④未按要求协助医生完成四手/六手操作的，每次扣1分。

⑤未按流程进行消毒的，每次扣1分。

⑥未按流程开（关）水、电、气的，每次扣1分。

⑦未按要求和流程做好医疗废物处理的，扣1分。

⑧未按要求对每个客户进行回访或未在CRM管理系统中记录的，每个客户扣1分。

⑨收到中介平台差评的，每条扣1分。

⑩业绩未完成的，扣5～10分；超过当月制定的目标20万元的，奖励50分，超过30万元的，奖励100分，超过50万元的，奖励300分。

⑪受到客户书面表扬的，每次奖励1分；收到锦旗的，奖励5分。

⑫为医院提意见或建议，得到医院认可并带来成效的，奖励1分/次。

（2）积分结果应用。

积分与护士的岗位工资、目标达成奖励、平时福利待遇、晋升挂钩。

5. 医生岗位积分规则

（1）积分规则。

①按流程对门诊患者执行首诊负责制的，奖励10分/天。

②未按流程完成对危重患者的转诊工作或超范围服务的，扣10分/次。

③填写初诊设计单，填写合格的，每天奖励5分；填写不合格的，每张单扣20分。

④按时对每位客户进行治疗后的随访，将结果录入“e看牙”App，并做好下一步的随访计划，每天奖励5分；未对每个客户进行回访的，扣20分。

⑤返工件必须具备模型照片、设计单照片、术前与术后照片，X线片或CT影像，否则扣10分。

⑥清楚、全面地向患者解释诊疗计划，准确无误地告诉患者每项治疗内容的收费标准，保证患者充分理解和同意，未做到的，扣10分/次。

⑦诊疗操作不规范、文书填写不规范、复诊病历记录不完整的，扣10分/项。

⑧隐瞒医疗问题，不反馈、不上报的，扣100分/次。

⑨未按医院规定的流程操作的，扣20分/次。

⑩得到客户书面表扬的，奖励1分/次；收到锦旗的，奖励5分/次。

⑪为医院提意见或建议，得到医院认可并带来成效的，奖励1分/次。

⑫受到客户有效投诉的，扣10分/次。

（2）积分结果应用。

积分除了与能力工资、分红股权挂钩外，还要与医生的提成挂钩，每月积分高的，提成等级为A，积分低于医院设置的标准线的，提成等级为D。总之，积分制能鼓励医生多赚积分，把每件事情做好。只有医生的能力提升了，服务态度好了，医生按照医院标准化流程操作，医院的效益才会越来越好。医生的工资分配体系见表10-65。

表10-65 医生的工资分配体系表

岗位名称	能力工资(元)	团队提成	个人提成	目标达成	新店投资奖励
专家级医生	12000				
高级医生	8000				
医生	3000				
见习医生	1000				

六、服务业某驾校薪酬绩效设计案例

积分制管理在驾校落地，老板需要思考：把哪些事做好后，驾校的生意会更好，学员的考试通过率会更高。

驾校本身受区域的限制，大多数学员都是在驾校附近生活或工作的，所以驾校需要建立口碑，如果每个学员愿意给驾校介绍三个客户，驾校的生意一定会更好，关键问题是如何使学员愿意为驾校介绍新客户。有一次，一个深圳的客户听了我们在线下开设的课程，对我说："孙先生，我们都知道让学员转介绍客户很重要，我们想了很多办法，但效果都不好。"我问他是如何做的，他说只要学员愿意帮他们介绍客户，每介绍一个，给该学员返利500元。

用钱返利只是其中一个方法。驾校本身的价格很透明，把钱返给介绍者，这也是一种套路，所有的套路最终都由驾校老板买单。

驾校如果想让学员愿意转介绍客户，就一定要得到学员对驾校的认可，只有获得学员的认可，他才会发自内心地介绍身边的朋友来驾校学车。每个学员身边都有很多想学车的朋友，当这个学员学完车之后，他们的朋友在学车之前一定会询问他，如在哪里学车的，驾校怎么样等问题，学员的一句好话甚至可能胜过打广告。

谈到获得学员的认可，我们要思考一个问题，即学员要认可谁的问题。

认可教练还是认可驾校？我认为两者都要得到学员的认可。学员认可的是驾校的品牌，驾校的品牌影响力是需要时间慢慢积累的。我们在读书的时候，对谁的印象最深？一般是班主任或者某个科目的老师。而学员在学车期间跟教练在一起的时间最多，所以学员更认可的是教练。

想让学员愿意给驾校转介绍客户，教练一定要搞好与学员的关系。换句话说，驾校一定要做好感动服务，让每个学员都有好的学车体验。下面从两个维度介绍针对驾校教练的绩效考核案例。

◎第一个维度：感动服务积分规则

1. 积分规则

（1）收到学员的书面（微信）表扬的，奖励20分/次。

（2）获得学员赠送锦旗的，奖励50分/次。

（3）接送学员，根据公里数，奖励1分/公里。

（4）学员介绍新学员报名的，奖励200分/个。

（5）每天早上按驾校规定集合的，奖励5分/天。

（6）教练加班的，每小时奖励5分。

（7）主动帮助学员解决问题，按事件大小，每件奖励5～20分。

（8）学员一次性通过科目二的，奖励30分。

（9）学员一次性通过科目三的，奖励50分。

（10）为驾校提供好的意见或建议的，奖励2分/次；得到认可的，额外奖励20分/次。

（11）收学员礼品、现金的，扣200分/次。

（12）接受学员礼物、饮料等的，扣20分/次。

（13）遭到学员投诉，经查实的，扣50分/次。

（14）发现学员主动分享驾校宣传到朋友圈，截图通过认证的，奖励10分/天。

（15）教练车（离合器、副制动装置、后视镜）在评比中被评为干净整洁的，前三名奖励10分/台。

（16）教练车在评比中被评为不干净、不整洁的，扣10分/台。

（17）学员开车发生安全问题的，每次扣50～200分。

2. 积分结果运用

（1）教练按招生人数获得提成，招生人数越多，提成越多，工资、奖励与之挂钩。

（2）由等级制决定提成的比例，积分排名越高，提成越高（提成=招生业绩×提成比例×排名系数）。

◎第二个维度：规章制度类积分规则

1. 积分规则

（1）每天按规定填写学员培训记录的，奖励2分/人。

（2）教练车良好，不影响学员训练的，奖励2分/天。

（3）教学日志存档的，奖励5分/人。

（4）出勤的，奖励20分/天。

（5）请事假的，扣50分/天。

（6）擅自离开岗位的，扣10分/次。

（7）聚众赌博的，扣100分/次。

（8）上班时候玩手机的，扣20分/次。

（9）未及时通知学员按时参加考试的，扣10分。

（10）教练车乱停乱放的，扣5分/次。

（11）未按规定的线路训练的，扣50分/次。

（12）讽刺、侮辱、打骂学员的，扣200分/次。

（13）参加安全例会学习，考评通过的，奖励100分/次。

（14）教练员未按要求着装的，扣5分/次。

（15）未按驾校流程、规定进行教学的，扣20分/次。

（16）积极配合完成上级领导交代的其他工作的，奖励5～20分/次。

2. 积分结果运用

（1）积分跟教练的岗位工资与绩效工资挂钩。

（2）积分排名最后的，不享受晋升，并对该教练进行培训，培训后仍不合格的，对其进行淘汰处理。

七、服务业某连锁店薪酬绩效设计案例

企业执行力弱的原因之一是管理者不敢处罚。管理者不敢处罚，员工一旦没有动力工作，就谈不上执行力。一家企业没有执行力，如何在市场上竞争？如何提升效率，提高员工的积极性？

我们服务过一家连锁培训机构，在绩效方案正式落地前，这家机构的老板根本不相信积分能给企业带来多大的变化。一个分校的校长自己掏钱购买了我们的积分制软件，刚开始的时候只用一个小功能，就是抢活干。为了调动老师的积极性，这位校长在平台上把重要的任务绑定成积分，发到群里给大家抢领任务，谁抢先领到任务，谁就去完成，完成任务之后得到的积分与当月的绩效挂钩。这种氛围营造起来之后，原来没有人愿意去做的工作，都有人主动负责；原来不愿意加班的老师，现在也愿意主动加班。校长通过让老师抢领任务、挣积分的方式建立了一个优秀的团队。一年的时间，学校老师的人数也从原来的40多名增加到100多名。那个机构的老板看到积分给分校带来了好处，便开始在所有分校推行积分制管理。

很多公司的执行力不行，是因为员工没有养成好习惯。举个例子：一名优秀的员工在别的公司养成了当日事、当日毕的习惯，当他到了新公司之后，刚开始他也沿用当日事、当日毕的习惯，可是过了几天，发现别的员工没有这种习惯，这名员工就会受到老员工的影响。俗话说："三勤一懒，想懒不得懒；三懒一勤，想勤不得勤。"没用积分制时，员工当日的工作没有完成，管理者也没有太多的办法约束他，但使用积分制后，结果就不一样了，比如规定凡是当日事、当日毕的员工，奖励20分，这就把执行力的问题解决了。

我们服务过一家连锁便利店，在绩效落地之前，该店的员工上班时间经常玩手机，老板为了解决员工玩手机的问题，出了一个公告：上班时间玩手机的，扣20分，员工上班时间真的不玩手机了。

于是，这个老板很得意地给我打电话，说："孙老师，积分制管理效果不错，我用了积分制管理后，员工上班时间真的不玩手机了。"

我说："你不要只想到扣钱，还要想到奖励。"

他问："怎么奖励？员工不玩手机还要奖励他吗？"

我说："员工在上班时间主动上交手机，给店长统一保管的，奖励20分；连续1个月都主动上交手机的，额外奖励100分，这就解决了奖励的问题。当然，玩手机的员工也要对其进行扣分，这样设置规则就会有奖和罚了。积分可以转化成绩效，与员工当月的绩效工资挂钩，也可以与福利待遇挂钩。"

以下是我们服务过的一家连锁便利店的绩效考核方案，见表10-66至表10-85。

表10-66　某连锁便利店门店店长积分考核标准

<table>
<tr><td colspan="2">店长：</td><td>督导员：</td><td>门店：</td></tr>
<tr><td colspan="2">检查内容</td><td>状况描述</td><td>评分</td></tr>
<tr><td rowspan="9">门店商品与设施检查（40分）</td><td>香烟（8分）</td><td>抽查条码，与电脑库存相符，加8分；每发现一个条码与电脑不相符，扣2分，超过3个，得0分</td><td></td></tr>
<tr><td>贵重商品及其他商品（8分）</td><td>抽查条码，与电脑库存相符，加8分；每发现一个条码与电脑不相符，扣2分，超过3个，得0分</td><td></td></tr>
<tr><td rowspan="2">责任区域牌情况（8分）</td><td>按规定张贴区域牌，加4分</td><td></td></tr>
<tr><td>人员信息实时更新，加4分</td><td></td></tr>
<tr><td>缺货（8分）</td><td>抽查条码，无缺货商品，加8分（按畅销商品表抽查）；出现实际缺货商品，扣2分</td><td></td></tr>
<tr><td rowspan="3">商品日期检查（8分）</td><td>没有出现日期问题，加3分</td><td></td></tr>
<tr><td>季节商品合理，加2分</td><td></td></tr>
<tr><td>淘汰滞销商品，加3分</td><td></td></tr>
</table>

（续表）

店长：		督导员：	门店：
检查内容		状况描述	评分
门店财务检查（20分）	突击清机（4分）	实际现金，微信、支付宝收款与收款机一致，加4分；不一致，得0分	
	单据保管与操作情况（4分）	自购单据入机及时，加1分；单据入机准确，加2分；保管单据无丢失，加1分	
	挂单情况（4分）	收款机内无挂账单，加2分；有挂账单，符合要求，加2分；台账、考勤按规定及时填写完整，加2分	
	长短款、非营业收入、其他（3分）	按规定登记长款短款，加1分；按规定登记非营业额，加2分	
	证件管理情况（2分）	证件保管齐全，加1分；悬挂整齐，加1分	
	设备管理、应用情况（3分）	监控正常，加1分；音乐正常播放，加1分；刷脸支付广告及时更新，加1分	
门店陈列卫生（20分）	卖场陈列（4分）	整齐、有序、先进先出、关联陈列、不冲突。差，得0分；一般，加1分；较好，加2分；很好，加4分	
	仓库陈列（4分）	整齐、有序、归类、易辨认、易拿取、上轻下重、先进先出。差，得0分；一般，加1分；较好，加2分；很好，加4分	
	店内卫生（4分）	地板、天花板、层板、货架、商品、设备干净无污迹、无积尘、无蛛网，玻璃干净透明、无污迹，冰箱、冰柜干净、无杂物、无异味。差，得0分；一般，加1分；较好，加2分；很好，加4分	
	仓库住房卫生（4分）	地面干净，设施设备摆放整齐、无积尘，墙面干净无污渍，过道畅通，无安全隐患。差，得0分；一般，加1分；较好，加2分；很好，加4分	
	洗手间卫生（4分）	便池（马桶）干净、无异色、无杂物、无异味，扫把、拖把等卫生用品按规定放置。差，得0分；一般，加1分；较好，加2分；很好，加4分	

（续表）

店长：		督导员：		门店：
检查内容		状况描述		评分
员工教育（20分）	思想品质（5分）	心态好，品行端正，有责任心、上进心，坚持原则，有职业操守，不传播负能量；发现思想问题立即汇报，得0～5分		
	当班纪律（10分）	按规定穿工衣、戴工牌；工衣干净、整洁；服从安排，按部就班；迟到、早退、私自关门出去玩耍；门外聚众聊天；坐在店外；在店内抽烟；坐在收银台内玩手机；上网，得0～10分		
	能力培养（5分）	员工拥有应对能力、销售能力、执行力、思考力，得0～5分		
额外奖分	推广	每建立1个100人以上的微信群，加2分		
		通过不同的平台为公司推广，如拍短视频、直播等，每发布一条推广，加1分		

表10-67 某连锁便利店门店店长绩效考核表

指标	经营指标	安全管理	团队管理	
			日常积分考核	员工管理
权重	45%	25%	20%	10%
绩效分	45分	25分	20分	10分
平衡标准	30万元	零安全事故	当月积分达60分（在执行中调整）	执行到位
评价标准	实际得分=实际完成率×标准分	负责食品、财产、资金、人员等的安全管理。 1.出现安全隐患，扣5分； 2.出现安全事故，视严重程度，扣10～100分	1.当月积分考核≥60分，得绩效分20分； 2.当月积分考核≥50分，得绩效分10分； 3.当月积分考核＜50分，绩效分为0分； 4.当月积分考核≥80分，额外奖励绩效分（由人力资源部制定）	负责收集门店员工的绩效数据，监督员工工作、行为、纪律。未及时收集或监督执行不到位，扣1分/次；未组织员工培训，扣2分
数据提供	财务部	督导员		
打分者	督导员			

表10-68 某连锁便利店开店经理岗位绩效考核表

指标	加盟店主满意度	门店装修进度	商品陈列
权重	50%	40%	10%
绩效分	50	40	10
平衡标准	100%	能保证按时开店	规范、标准
评价标准	门店满意度达100%，得50分； 门店满意度≥90%，得40分； 门店满意度≥80%，得20分； 门店满意度≥70%，得10分	当月开店及时率达100%，得40分； 每延迟开店1天，扣5分（在40分内扣除）	1.标准、规范，得10分； 2.商品陈列未按标准或不规范，扣1分/次
数据提供	客户满意度调查表	发展部副总经理	发展部副总经理
打分者	发展部副总经理		

表10-69 某连锁便利店管理部经理岗位绩效考核表

指标	经营指标		安全管理	团队管理	
	业绩目标	直营店		团队建设	员工管理
权重	30%	30%	20%	10%	10%
绩效分	30	30	20	10	10
平衡标准	500万元	300万元	零安全事故	计划执行	执行到位
评价标准	实际得分=实际完成率×标准分	实际得分=实际完成率×标准分	负责食品、财产、资金、人员等的安全管理。 1.出现安全隐患，扣5分； 2.出现安全事故，视严重程度，扣1～100分	每月按公司计划组织执行（具体根据标准量化）	负责监督积分奖扣的执行，督导绩效、积分数据的收集。未执行积分奖扣，未及时在软件中操作打分，得0分
数据提供	财务部	OA系统	总经理		
打分者	总经理				

表10-70　某连锁便利店管理部督导岗位绩效考核表

指标	经营指标	安全管理	团队管理	
			团队建设	店长管理
权重	40%	20%	20%	20%
绩效分	40	20	20	20
平衡标准	90万元	零安全事故	计划执行	执行到位
评价标准	实际得分=实际完成率×标准分	负责食品、财产、资金、人员等的安全管理。 1.出现安全隐患，扣5分； 2.出现安全事故，视严重程度，扣10～100分	每月按公司计划组织执行（具体根据标准量化）	负责监督门店绩效、积分数据的执行。未执行积分奖扣，未及时在软件中操作打分，得0分
数据提供	财务部	管理部经理		
打分者	管理部经理			

表10-71　某连锁便利店盘点员岗位绩效考核表

指标	经营指标	安全管理	团队管理		盘点
			团队建设	员工管理	
权重	20%	15%	10%	15%	40%
绩效分	20	15	10	15	40
平衡标准	30万元	零安全事故	计划执行	执行到位	及时、准确率达100%
评价标准	实际得分=实际完成率×标准分	负责食品、财产、资金、人员等的安全管理。 1.出现安全隐患，扣5分； 2.出现安全事故，视严重程度，扣10～100分	每月按公司计划组织执行（具体根据标准量化）	负责监督执行积分奖扣，督导绩效、积分数据的执行。未执行积分奖扣，未及时在软件中操作打分，得0分	负责门店商品的盘点。未及时盘点，每次扣2分；盘点数据出错，扣5分
数据提供	财务部	管理部经理			
打分者	管理部经理				

表10-72　某连锁便利店信息部经理岗位绩效考核表

指标	门店满意度	服务器、系统管理维护			员工管理
权重	30%	20%	20%	20%	10%
绩效分	30	20	20	20	10
平衡标准	满意度≥90%	及时	准确	安全	执行到位
评价标准	提交门店维修工单（对服务态度、处理结果、问题解决情况进行评分）。 月度满意度达100%，得35分； 月度满意度≥90%，得30分； 月度满意度≥80%，得20分； 月度满意度≥70%，得10分； 无法提供门店维修工单，此项为0分	系统出现问题未及时处理，扣2分；故障率≥30%，扣10分	处理问题时导致数据丢失，扣5分/次	每天要求备份一次数据。未备份，扣5分	负责执行对下级的绩效、积分数据的督导。未执行积分奖扣，未及时在软件中操作打分，得0分
数据提供	门店维修工单人员	总经理			
打分者	总经理				

表10-73　某连锁便利店信息员岗位绩效考核表

指标	门店满意度	服务器、系统管理维护		
权重	30%	30%	20%	20%
绩效分	30	30	20	20
平衡标准	满意度≥90%	及时	准确	安全
评价标准	提交门店维修工单（对服务态度、处理结果、问题解决情况进行评分）。 月度满意度达100%，得35分； 月度满意度≥90%，得30分； 月度满意度≥80%，得20分； 月度满意度≥70%，得10分； 无法提供门店维修工单，此项为0分	系统出现问题未及时处理，扣2分；故障率≥30%，扣10分	处理问题时导致数据丢失，扣5分/次	每天要求备份一次数据。未备份，扣5分
数据提供	门店维修工单人员	信息部经理		
打分者	信息部经理			

表10–74　某连锁便利店商品部经理岗位绩效考核表

指标	及时完成采购	准确完成采购	毛利率	供应商管理	市场调研	品质投诉处理	促销活动方案	员工管理
权重	15%	20%	30%	10%	5%	5%	10%	5%
绩效分	15	20	30	10	5	5	10	5
平衡标准	及时	采购商品合格率≥98%	20%	完成评估打分	每周提交1次	及时	按要求提交	执行到位
评价标准	未按标准完成，超时完成采购，扣5分/次；未及时完成供应商付款的签字，扣5分/次	1.采购合格率（包括发票无效）低于98%，扣10分；造成公司损失的，扣20～50分。 2.未及时收集相关票据，扣20分；未收回，每缺少1张扣5分。 3.采购合格率达100%，额外加20分	实际得分=实际完成率×标准分	1.淘汰商品数量； 2.淘汰供应商数量。 对供应商进行打分（及时性、准确性、质量、态度、价格体系），评估连续2个月低于60分，考虑淘汰；未对供应商完成打分管理，扣5分	未及时提交市场调研报告，扣2分	接到投诉及时处理，在1天内让供应商处理并解决。未及时处理，扣5分	未及时完成促销活动方案，扣2分	负责执行对下级的绩效、积分数据。未执行积分奖扣，未及时在软件中操作打分，得0分
数据提供	总经理		财务部	总经理				
打分者	总经理							

表10-75 某连锁便利店商品部文员岗位绩效考核表

指标	门店单据审核	商品建档调价	方案制订及实施	门店PK制度管理	市场调研	门店销售商品核算	供应商接待
权重	30%	20%	15%	10%	5%	10%	10%
绩效分	30	20	15	10	5	10	10
平衡标准	及时、准确率达100%	及时、准确	及时、创新	及时、准确	每周提交1次	及时、准确	及时
评价标准	及时与门店店长核对单据。未及时完成，扣2分；出现错误，扣10分/次	未及时建档，扣2分；信息不齐全或出现错误，扣2分	按规定的时间完成销售管理方案、新店方案、新品推广方案等。未及时完成，扣20分；业绩提升达到要求，额外加10～50分	及时录入门店PK积分数据。未及时录入，扣1分	未及时提交市场调研报告，扣2分	未及时完成门店销售商品的核算，扣1分/次；核算数据错误，扣3分	接待不及时，扣1分
数据提供	商品部经理						
打分者	商品部经理						

表10-76 某连锁便利店总经理助理岗位绩效考核表

指标	香烟管理	政策执行检查	信息收集	突发事件应急处理	临时事务	利润
权重	20%	30%	10%	10%	10%	20%
绩效分	20	30	10	10	10	20
平衡标准	规范	执行到位	及时	及时	配合且完成率达100%	根据目标而定
评价标准	管理不规范，扣2分	执行、监督、检查绩效管理、积分管理、计划实施跟踪等公司相关政策。执行、监督、检查不到位，扣2分	收集客户、员工反馈的信息并向总经理汇报。未及时汇报，扣1分	处理公司突发事件。未及时处理，扣1分	协助配合上级完成临时工作任务。根据月度临时工作完成率，加1～10分	实际得分=实际完成率×标准分
数据提供	总经理					
打分者	总经理					

表10–77　某连锁便利店配送中心经理岗位绩效考核表

指标	配送额	质量	问题处理效率	商品有效期	商品报损率	资产管理	单据管理	安全管理	团队管理
权重	30%	15%	5%	10%	5%	10%	5%	10%	10%
绩效分	30	15	5	10	5	10	5	10	10
平衡标准	业绩配送完成率	出错次数≤2次	及时	在有效期内	≤15%	规范	规范	零安全事故	执行到位
评价标准	每月根据配送额目标完成配送。实际得分=配送额实际完成率×标准分	档案、送货等不出错。月出错次数>2次，扣5分/次	问题处理不及时，扣1分/次	商品收货未检查有效期，导致过期商品流入仓库，扣5分/次	商品报损率>15%，扣3分；商品报损率>20%，扣5分	未及时盘点，扣2分；盘点数据出错，扣2分	单据管理不到位，出现丢失，扣2分/份	负责防火、防盗、防潮等安全管理。存在安全隐患，扣50分；发生事故，根据事故严重程度，扣10～100分	负责执行对下级的绩效、积分数据奖扣。未执行积分奖扣，未及时在软件中操作打分，得0分
数据提供	财务部	总经理			财务部	财务部	财务部	人力资源部	人力资源部
打分者	总经理								

表10–78 某连锁便利店配送中心主管岗位绩效考核表

指标	配送额	质量	商品有效期	盘点差异	安全管理	印章管理	团队管理
权重	30%	15%	15%	15%	15%	5%	5%
绩效分	30	15	15	15	15	5	5
平衡标准	业绩配送完成率	出错次数≤1次	在有效期内	规范	零安全事故	规范	执行到位
评价标准	每月根据配送额目标完成配送。实际得分=配送额实际完成率×标准分	档案、送货等出错；月出错次数＞1次，每次扣5分	商品收货未检查有效期，导致过期商品流入仓库，扣8分/次	未及时盘点，扣2分；盘点数据出错，扣5分	防火、防盗、防潮等安全管理；存在安全隐患，扣5分；发生事故，根据事故严重程度，扣10～100分	未按规范使用印章，扣2分/次；造成印章丢失，扣50分	负责执行对下级的绩效、积分数据奖扣。未执行积分奖扣，未及时在软件中操作打分，得0分
数据提供	财务部	配送中心经理					
打分者	配送中心经理						

表10-79　某连锁便利店配送中心复核岗位绩效考核表

指标	质量	物流箱管理	安全管理
权重	40%	30%	30%
绩效分	40	30	30
平衡标准	出错次数≤1次	准确率达100%	零安全事故
评价标准	复核月出错次数＞1次，每次扣5分	准确率＜100%，扣5分； 准确率＜95%，扣10分； 准确率＜90%，扣20分； 准确率＜85%，此项指标得0分	负责防火、防盗、防潮等安全管理。存在安全隐患，扣5分；发生事故，根据事故严重程度，扣10～100分
数据提供	财务部	配送中心经理	
打分者	配送中心经理		

表10-80　某连锁便利店配送中心打单员岗位绩效考核表

指标	及时性	打单准确性	复核准确性	商品有效期	商品报损率	安全管理
权重	20%	20%	20%	15%	10%	15%
绩效分	20	20	20	15	10	15
平衡标准	及时	准确率达100 %	准确率达100 %	在有效期内	≤15%	零安全事故
评价标准	未及时完成，每次扣20分	出错1次，扣20分	出错1次，扣2分	商品收货未检查有效期，导致过期商品流入仓库，扣8分/次	商品报损率＞15%，扣5分；商品报损率＞20%，扣10分	负责防火、防盗、防潮等安全管理。存在安全隐患，扣5分；发生事故，根据事故严重程度，扣10～100分
数据提供	财务部	配送中心经理				
打分者	配送中心经理					

表10-81 某连锁便利店配送中心散货、拣货岗位绩效考核表

指标	及时性	打单准确性	商品有效期	商品报损率	商品整理	安全管理
权重	20%	25%	15%	10%	15%	15%
绩效分	20	25	15	10	15	15
平衡标准	及时	准确率达100%	在有效期内	≤15%	准确率达100%	零安全事故
评价标准	未及时完成，每次扣20分	出错1次，扣3分	商品收货未检查有效期，导致过期商品流入仓库，扣8分/次	商品报损率>15%，扣5分；商品报损率>20%，扣10分	先进先出；商品整理不到位，每次扣20分	防火、防盗、防潮等安全管理。存在安全隐患，扣50分；发生事故，根据事故严重程度，扣100～1000分
数据提供	财务部	配送中心经理				
打分者	配送中心经理					

表10-82　某连锁便利店配送中心散货采购岗位绩效考核表

指标	及时性	准确性	新品推广	商品整理	商品供货	临期商品下架处理	商品有效期	商品报损率	安全管理
权重	20%	20%	10%	5%	5%	10%	10%	10%	10%
绩效分	20	20	10	5	5	10	10	10	10
平衡标准	及时	准确率达100 %	及时	规范	及时	及时	在有效期内	≤15%	零安全事故
评价标准	及时完成采购；未及时完成，每次扣5分	出错1次，扣5分	及时将采购新品的图片及条码发送到微信群（各门店），未及时发送，扣1分/次	收货、上架，整理商品；货架整洁，先进先出，商品分类；未按规定执行，每次扣1分	未及时供货，每次扣1分	临期商品未及时下架处理，每次扣2分	商品收货未检查有效期，导致过期商品流入仓库，扣8分/次	商品报损率＞15%，扣5分；商品报损率＞20%，扣10分	防火、防盗、防潮等安全管理。存在安全隐患，扣5分；发生事故，根据事故严重程度，扣10～100分
数据提供	财务部	配送中心经理							
打分者	配送中心经理								

表10-83　某连锁便利店配送中心配送组（组长）岗位绩效考核表

指标	车辆管理	配送及时	配送准确	人身安全	服务态度	团队管理
权重	20%	20%	20%	20%	10%	10%
绩效分	20	20	20	20	10	10
平衡标准	按规定	及时	准确率达100%	零安全事故	门店满意度达100%	执行到位
评价标准	及时维修、年审，驾驶安全。1.未及时维修、年审，扣2分；2.违章，扣10分/次	未及时完成，扣2分/次	出错1次，扣5分	因个人原因造成人身安全事故，扣10～1000分	遭到投诉，每次扣2分	负责执行对下级的绩效、积分数据奖扣。未执行积分奖扣，未及时在软件中操作打分，得0分
数据提供	财务部	配送中心经理				
打分者	配送中心经理					

表10-84　某连锁便利店配送中心配送组（司机）岗位绩效考核表

指标	车辆管理	配送及时	配送准确	人身安全	服务态度
权重	20%	25%	20%	20%	15%
绩效分	20	25	20	20	15
平衡标准	按规定	及时	准确率达100%	零安全事故	门店满意度达100%
评价标准	及时维修、年审，安全驾驶。 1.未及时维修、年审，扣2分； 2.违章，扣10分/次	未及时完成，每次扣3分	出错1次，扣5分	个人原因造成人身安全事故，扣10～100分	遭到投诉，每次扣3分
数据提供	财务部	配送中心经理			
打分者	配送中心经理				

表10-85 某连锁便利店配送中心配送组（退货）岗位绩效考核表

指标	清理退货	及时性	准确性	分类整理	退货跟进	退货出单
权重	20%	25%	20%	15%	10%	10%
绩效分	20	25	20	15	10	10
平衡标准	及时	及时	准确率达100%	准确率达100%	及时	准确率达100%
评价标准	未及时完成，每次扣2分	未及时完成，每次扣2分	出错1次，扣3分	出错1次，扣2分	1.跟进供应商； 2.跟进门店。 未及时跟进，扣1分/次	出错1次，扣1分
数据提供	财务部	配送中心经理				
打分者	配送中心经理					

八、销售行业薪酬绩效设计案例

销售行业的主要岗位是销售人员，主要以业务开发为主。销售人员属于销售型公司的一线岗位，底薪（保障性工资）比较低，激励性工资（按业绩提成部分工资）比例较高。下面给大家介绍关于销售岗位的薪酬绩效设计方案。

（1）1.0版本雇佣制（“底薪+低提成+奖金”）薪资与晋升体系，见表10–86。

表10–86　1.0版本雇佣制薪资与晋升表

<table>
<tr><th rowspan="3">等级</th><th rowspan="3">约定（元）</th><th colspan="3">薪资结构</th><th colspan="2">个人提成</th><th rowspan="2">销售主管级别以上享受</th><th rowspan="2">晋升要求</th></tr>
<tr><th rowspan="2">底薪（元）</th><th rowspan="2">绩效工资（元）</th><th rowspan="2">管理工资（元）</th><th colspan="2">新客户</th></tr>
<tr><th>业绩达</th><th>提成点</th><th>月团队业绩提成</th><th>达标晋级，不达标降一级</th></tr>
<tr><td>销售总监</td><td>7000</td><td rowspan="7">1720</td><td>3280</td><td>2000</td><td>≥60万元</td><td>2.5%</td><td rowspan="6">0.1%</td><td>季度团队人均业绩≥200万元</td></tr>
<tr><td>销售经理</td><td>5000</td><td>2280</td><td>1000</td><td>≥30万元</td><td>2%</td><td>季度团队人均业绩≥100万元</td></tr>
<tr><td>销售主管</td><td>4500</td><td>2280</td><td>500</td><td>≥15万元</td><td>1%</td><td>季度团队人均业绩≥50万元</td></tr>
<tr><td>资深销售员</td><td>4000</td><td>2280</td><td rowspan="4">—</td><td>≥8万元</td><td>1%</td><td>季度业绩≥24万元</td></tr>
<tr><td>高级销售员</td><td>3500</td><td>1780</td><td>≥5万元</td><td>1.50%</td><td>季度业绩≥15万元</td></tr>
<tr><td>销售员</td><td>3000</td><td>1280</td><td>≥3万元</td><td>3%</td><td>季度业绩≥9万元</td></tr>
<tr><td>见习销售员</td><td>2800</td><td>1080</td><td colspan="2">要求：入职45天内业绩必须达到1万元</td><td>—</td><td>季度业绩≥3万元</td></tr>
</table>

（2）某服装连锁店销售岗位薪酬绩效案例，见表10-87、表10-88。

表10-87　某服装连锁店店长薪资体系

岗位/指标	短期															中期	长期
	基本工资（元）	业绩（目标达成）						人效					售罄率			年度目标达成	股权
		总提成						≥ 6.5 万元					≤ 5%			超出部分按 3‰奖励	
平衡点	—	≥200万元	超过1～50万元	超过50万～100万元（不含100万元）		超过100万元（含）		<6万元	≥6万元	≥6.5万元	≥7万元	≥8万元	>5%	≤5%	≤3%	感动服务：每月每人完成10件感动服务，得100分，积分排名第一者享受奖励	—
店长	2000	1‰	超出部分提成比例：3‰	超出部分提成比例：3‰	（额外）2‰入股	超出部分提成比例：5‰	（额外）3‰入股	0元	500元	1000元	1200元	1500元	0元	500元	1000元		

等级	薪资情况
A级	当月工资≥10000元
B级	当月工资≥8000元
C级	当月工资≥6000元

表10-88 某服装连锁店销售员薪资体系

岗位/指标	短期												中期	长期
	基本工资（元）	个人业绩提成（当月业绩决定下月提成比）			连单奖				周星星（按组）	月星星（按组）	增长率第一名		奖金	股权
		≥10万元	≥12万元	≥15万元	三连单	四连单	五连单	六连单以上					感动服务	—
销售员	1800	2%	3%	4%	5元	10元	15元	20元	50元	100元	200元		每人每月完成10件感动服务，得100分，积分排名第一者享受奖励	—
等级	薪资情况								薪资福利					
A级	当月工资≥6000元								享受公司月度、季度、年度等福利待遇					
B级	当月工资≥5500元													
C级	当月工资≥3800元													

（3）某电子销售公司销售岗位薪酬绩效案例，见表10-89、表10-90。

表10-89　某电子销售公司销售经理绩效激励表

（绩效分平衡点：100分　　考核周期：每月）

序号	权重	指标绩效分	指标名称	月指标值	说明/衡量标准	评分规则/计算公式	数据提供	实际得分
1	45%	45	部门业绩目标	270万元	每月制定部门业绩目标（拆分部门每个人的业绩目标达成率）	实际得分=部门实际业绩÷部门目标业绩×绩效标准分	财务部	
2	20%	20	部门新客户开发	1.潜在客户：100个。 2.意向报价客户：60个。 3.打样客户：30个。 4.量产客户：9个	每月制定部门的新客户数目标。 1.潜在客户：100个。 2.意向报价客户：60个。 3.打样客户：30个。 4.量产客户：9个	1.每少1个，扣1分； 2.每超出目标1个，加1分	CRM系统	
3	15%	15	部门回款率	98%	每月制定部门回款率目标	实际得分=部门实际回款率÷部门目标回款率×绩效标准分	财务部	
4	5%	5	成本管控	月制定目标	分析对比内贸部差旅费、物流费、网络运营成本、样品成本、模具成本等	达标得满分；分析对比成本有所增长，每增长1%，扣1分；每降低1%，加1分	财务部	
5	10%	10	CRM系统管理	合格	合格： 1.健全客户信息、跟进记录等，保证数据录入完整性、准确性、真实性达100%； 2.当天跟进的客户，在当天录入系统	得5分	人事行政部	
					不合格： 1.客户信息录入不完整，扣1分/条； 2.数据不准确，扣1分/条； 3.数据不真实，扣3分/条； 4.当天跟进的客户，未及时录入系统，扣1分/天	扣1～3分		

（续表）

序号	权重	指标绩效分	指标名称	月指标值	说明/衡量标准	评分规则/计算公式	数据提供	实际得分
6	5%	5	管理工作	合格	合格： 1.严格按照公司流程执行； 2.每月5日前完成部门目标计划与总结； 3.完成当月部门的绩效考评工作与提供相关指标数据； 4.按要求执行公司各项例会（早会、周会、月会、项目复盘会）； 5.严格执行公司各项规章制度； 6.因生产交期延误导致货物需提前出库的，出货单据须在出货次日前录入系统； 7.每月最后一天前将对账单提交给财务人员	得5分	人事行政部	
					不合格： 以上各项未按要求执行，扣1分/项	扣1分/项		
合计	100%	100	绩效评分者：总经理					

额外奖扣分项				
序号	指标	衡量标准	数据提供	实际得分
1	客诉	接到客户的有效投诉，扣2分/次	总经理	
2	培训	每月制订培训计划，制作培训课件（素材、产品资料等），未按培训计划执行，扣1分	总经理	

表10–90 某电子销售公司销售员绩效激励表

（绩效分平衡点：100分　　考核周期：每月）

序号	权重	指标绩效分	指标名称	月指标值	说明/量标准	评分规则/计算公式	数据提供	实际得分
1	50%	50	个人业绩目标	12万元	每月制定个人业绩目标	实际得分=个人实际业绩÷个人目标业绩×绩效标准分	财务部	
2	20%	20	个人新客户开发	1.潜在客户：30个。 2.意向报价客户：16个。 3.打样客户：8个。 4.量产客户：3个	每月制定部门的新客户数目标。 1.潜在客户：30个。 2.意向报价客户：16个。 3.打样客户：8个。 4.量产客户：3个	1.每少1个，扣1分； 2.每超出目标1个，加1分	CRM系统	
3	10%	10	个人回款率	98%	月应收款回款率（回款时间：每月最后一天）	实际得分=个人实际回款率÷个人目标回款率×绩效标准分	财务部	
4	10%	10	CRM系统录入	合格	合格： 1.健全客户信息、跟进记录等，保证数据录入完整性、准确性、真实性达100%； 2.当天跟进的客户，在当天录入系统	得10分	内贸部经理	
					不合格： 1.客户信息录入不完整，扣1分/条； 2.数据不准确，扣1分/条； 3.数据不真实，扣3分/条； 4.当天跟进的客户，未及时录入系统，扣1分/天	扣1～3分		

（续表）

序号	权重	指标绩效分	指标名称	月指标值	说明/量标准	评分规则/计算公式	数据提供	实际得分
5	10%	10	日常工作	合格	合格： 1.严格按照公司流程执行； 2.每月5日前完成个人目标计划与总结； 3.按要求执行公司各项例会（早会、周会、月会、项目复盘会）； 4.严格执行公司各项规章制度； 5.因生产交期延误导致货物需提前出库的，出货单据须在出货次日前录入系统； 6.每月最后一天前将对账单提交给财务人员	得10分	内贸部经理	
					不合格：以上各项未按要求执行，每次扣1分/项	扣1分/项		
合计	100%	100	绩效评分者：销售经理					

额外奖扣分项				实际得分
序号	指标	衡量标准	数据提供	
1	客诉	接到客户的有效投诉，扣2分/次	销售经理	
2	个人成长	未按公司要求参加培训，扣1分/次	销售经理	

某公司新招聘一名销售主管，年薪60万元，如何设计这名销售主管的薪酬？下面给大家提供一个薪酬设计方案。

①销售主管薪资构成（表10-91）。

表10-91　某公司销售主管薪资构成

基本工资 （拆分为固定工资、福利、补贴等）	考核工资 （过程管控和绩效考核）
计算方式： 60万元/年×50%=30万/年 30万元/年÷12月=2.5万元/月	计算方式： 60万/年×50%=30万/年 30万/年÷12月=2.5万元/月

②销售主管薪资具体明细（表10-92）。

表10-92　某公司销售主管薪资具体明细

月份	月度目标（万元）	月度奖金（万元）	季度目标(亿元)	季度奖金（万元）	年度目标（亿元）	年度奖金（万元）	年度目标超额奖金
1	2850	0.8	0.9	2.25	3.6	6	1.年度挑战目标：3.8亿元，业绩超出3.6亿元的，超额部分的0.5%作为超额奖金。 2.年度超越目标：4亿/年，业绩超出3.8亿元的，超额部分的1%作为超额奖金。 3.年度完成3.6亿元销售额且销售费用占比低于30%的，年终特别奖金（分红）为30万元；超出3.6亿元的，按照增量利润比例奖励
2	3000	0.9		2.25			
3	3150	1.25		2.25			
4	3300	1.5		2.25			
5	3500	2		2.25			

第十一章 | 软件：管理落地的保障

一款好的绩效管理软件应该是容易上手的，能满足企业的需求。开发绩效管理软件的人必须懂绩效管理，如果不了解绩效管理，那么开发出来的产品往往在使用一段时间后就用不下去了。开发绩效管理软件是一项很大的工程，最难的是懂绩效管理的人不懂产品设计、软件开发，而懂软件开发、产品设计的人又不懂绩效管理，开发出来的产品没有使用价值。

一款好的绩效管理软件至少应具备以下几项功能：

（一）数据统计

数据统计功能绩效管理要能够准确、及时地统计公司的各种数据，特别是目标数据，比如人均产值、公司销售额、物料准交率、新客户增长率、回款率、各项费用成本等，能将公司的这些指标分配到各个部门，由相关部门去完成。指标之间还要形成对比，每项指标都不是一个固定值，需要有基础值、目标值、挑战值，目的是更好地激励团队。当然，达成更好的目标需要有更好的激励机制。

（二）过程管理

很多公司的员工执行力不强，就是因为公司没有做好过程管理。那么应该如何体现过程，如何让工作更有效率呢？图11–1展示的是一个岗位的绩效考核结果。

	名称	目标值	考核标准	指定上级评分人：廖×（100%） 评分	说明
量化指标	人均产值（权重：30%）	目标值：5万/人 结果值：6万/人	人均产值=部门总产值÷部门总人数 实际得分=实际人均产值÷目标人均产值×绩效	32	优秀
	品质合格率（权重：30%）	目标值：100% 结果值：100%	产品合格率=合格产品数量÷实际产量×100%	30	—
	交货准时率（权重：30%）	目标值：100% 结果值：100%	交货准时率=实际及时出货量÷总出货量×100%	30	—
非量化指标	安全事故（权重：30%）	—	不出现安全事故，得满分，出现1次安全事故，扣10分	10	—
总分		—		102	

图11-1　岗位的绩效考核表（电脑端）

从绩效考核表中，我们还可以清楚地看到该岗位的每项考核标准、目标值以及评分，数据非常直观。上级随时可以在绩效考核表上查看各项指标，评估该员工的工作完成情况以及绩效完成情况。

员工每天都在执行计划中填写当天的工作完成情况，并且上传图片、附件，作为辅助说明。管理者可以实时追踪、了解员工的目标进度、工作情况。同时，管理者可对员工的工作情况作出评价，记录辅导内容等。见图11-2、图11-3。

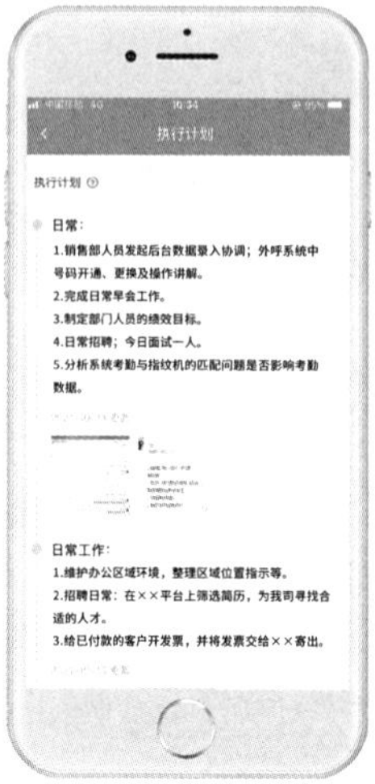

图11-2　“执行计划”功能（手机端）

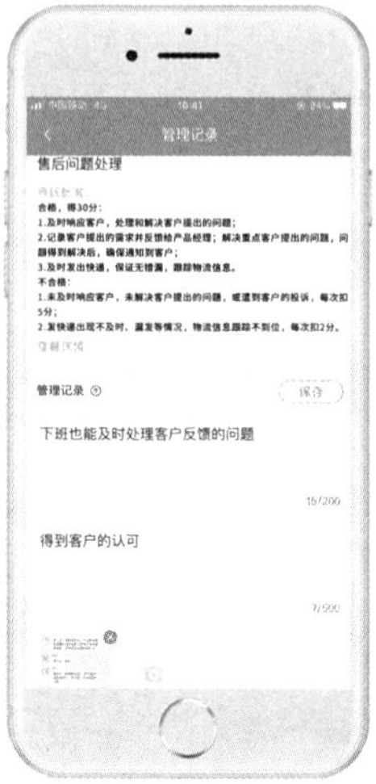

图11-3　“管理记录”功能（手机端）

（三）绩效报表

绩效报表是通过工具化的管理，系统按流程统计并汇总所有的数据，自动分析年度全员的绩效情况以及每个人的贡献价值。以岗定级，以级定薪，保证公平、公正的分配和解决职位评价体系问题。见图11-4。

绩效排名

部门 请选择部门　等级 请选择等级

	姓名	部门	考核结果	绩效等级	绩效排名	操作
1	洪××	销售部	127.00	优	1	查看详情
2	程××	生产部	102.00	良	2	查看详情
3	吴××	生产部	97.00	良	3	查看详情
4	唐××	销售部	83.00	有待改善	4	查看详情
5	孙××	销售部	67.00	不合格	5	查看详情
6	任××	技术部	-	-	-	查看详情

图11-4 绩效排名（电脑端）

（四）任务下达

任务下达功能可以及时、准确地把任务分配给相关负责人。

您是否遇到过以下情况：

（1）员工没有及时反馈任务的完成情况。

（2）员工忘记了被安排的任务，管理者也忘记了安排给员工的任务。

（3）员工不愿意去做分外之事。

…………

通过软件就可以解决以上问题，见图11-5至图11-7。

图11-5 “发布临时任务”（手机端）

图11-6　APP：“悬赏任务大厅”（手机端）　图11-7　“消息通知”（手机端）

（五）积分排名

积分可以让员工与员工之间形成对比，根据企业需求，驱动员工在各个维度进行排名，如任务排名、服务排名、质量排名、创新建议排名等。系统能够自动按各种维度汇总情况，公司可以通过数据分析、了解员工的综合表现，让优秀员工不吃亏！见图11-8、图11-9。

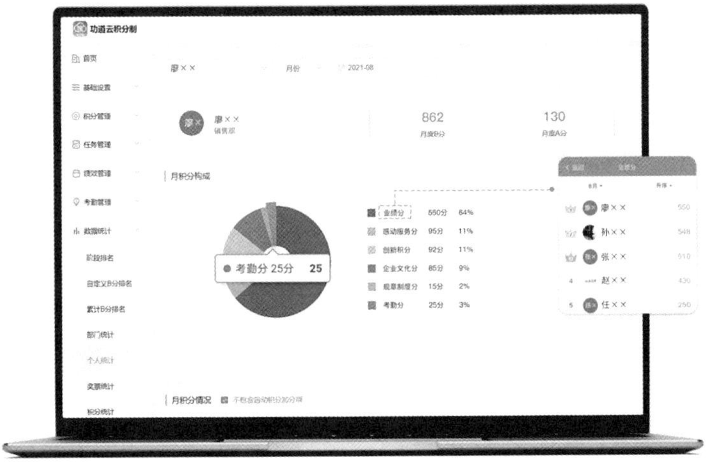

图11-8 数据分析（电脑端）

图11-9 积分排名（手机端）

（六）积分奖扣

积分奖扣是为了解决制度执行的问题，可以把各种事件与积分挂钩，系统能自动汇总、统计数据。奖分的方法主要有以下4种，见图11-10。

（1）管理者可以批量给员工奖分。

（2）员工可以通过扫码申请加分。

（3）员工也可以帮助同事申请加分。

（4）系统可以自动奖扣分。

图11-10　积分奖扣（手机端）

（七）团队PK

打造PK文化，可以提升团队凝聚力，形成团队竞争的氛围，激发员工的潜能，建立良好的企业文化氛围，见图11-11。

图11-11　团队PK（手机端）

对于中小型企业管理者来说，以上这些功能已经足够了。如果你想使用这款软件，可以登录https://www.g107.com或扫描以下二维码下载注册。

后　记

这是我写的第二本书，从计划到完成，历时近一年，是我在工作之余和休息之时完成的。天道酬勤，我也在写书过程中体会到坚持的不易，任何管理方法都是因人而异的，都是以目的为导向的。任何管理方法都有它的不足之处，这本书也是如此。

本书的创作灵感源自我在全国开展的公开课“倍咨询理”和做过落地咨询的企业，我要感谢所有参训的企业家和高管，也要感谢邀请我们去做落地咨询的企业家朋友们，是他们启发了我，让我完善了写作的框架，给我提供了真实的案例。

另外，我特别感谢我的太太和其他家人的理解和支持，还要感谢功道云公司的同事，他们给予我非常多的帮助，他们是招敏诗、孙贵芳、唐庆武、孙荣举、吴碧玉、方慧毅、刘俊华、郭家裕、李杰、莫仕钊、程健、孙茜、刘瑞欣等。

特别鸣谢东莞海与江湖餐厅董事长陈敏，广东经济出版社社长李鹏，中国策划研究院研究员、贵州省招商投资智库专家白玉山，乐辰日用品（东莞）有限公司董事长丁显龙，东莞展能32、36、47团队，他们为本书的成稿提供了多方面的帮助。